ぬりえみたいに刺すだけで、
たくさん、もこもこ、いとおしいなかまたち。

1 ちくちく

パンチニードルとは？

2 ちょきちょき

毛糸と針でかんたん!!

キーホルダーにしたり、きんちゃくやポーチに貼ってもかわいい！

3

ふわふわ

完成！

もこっ

CONTENTS

パンチニードルの基本 ……………………………… 8

うさぎ ………………………………………………… 14
　うさぎのつくり方 ……………………………… 16
くま …………………………………………………… 18
きぼりのくまとしゃけ ……………………………… 19
文鳥 …………………………………………………… 20
ふくろう親子 ………………………………………… 21
ねこ …………………………………………………… 22
ねこの肉球 …………………………………………… 23
えびふらい　おにぎり ……………………………… 24
いきものパン ………………………………………… 25

COLUMN 毛糸の選び方 …………………………… 26

コウテイペンギン親子 ……………………………… 28
あざらし親子 ………………………………………… 29

COLUMN 裏側の処理の仕方とキーホルダー、ブローチの仕立て方 …… 30

図案&つくり方 ……………………………… 33 - 72

らっこ ………………………………………………… 73
ねこポーズ …………………………………………… 74
ねこのめがね置き …………………………………… 75

便利！
図案データをダウンロード！

■PC／スマートフォン対象（一部機種は対象外）。■端末やOSにより別途アプリが必要となる場合があります。なお、必要なアプリの詳細については個別にご案内できません。■第三者やネット上での公開・配布は固くお断りいたします。■システム等のやむを得ない都合により、予告なく公開を終了する場合があります。■図書館等で貸し出される場合も、ご利用可能です。■2025年3月時点の情報です。

	犬の学校	76
	プードル	78
	おさんぽ	79

COLUMN うちの子をつくろう! ……… 80

	ハムスター＆リス	82
	ハリネズミ	83
	アルパカ	84
	ナマケモノ	85
	パンダ	86
	パンダポーズ	87
	大きいぶどうきんちゃく	88
	小さいさくらんぼきんちゃく	89
	しろくまポシェット	90
	ナマケモノポシェット	91
	ビションフリーゼのファスナーポーチ	92
	パンダのファスナーポーチ	93
	手のりねこ	94
	ゆめみるコーギー	95

ブックデザイン　若井夏澄(tri)
イラスト　たつみなつこ
撮影　福井裕子
スタイリング　鈴木亜希子

型紙トレース・配置　安藤能子
校正　向井雅子、鷗来堂
編集協力　竹岡智代
編集　鈴木菜々子(KADOKAWA)

道具・素材提供
クロバー株式会社
横田株式会社・DARUMA
ハマナカ株式会社

※本書に掲載の作品を複製して販売することは禁止されています。個人で楽しむためのみにご利用ください。
※小さいお子様がパンチニードルを使用する際は、必ず大人と一緒に行ってください。

パンチニードルの基本

専用のニードルで刺すと、もふもふとしたかわいい作品ができるパンチニードル。まずはつくり始める前に知っておきたいことを紹介します。

基本の道具

必ず必要なのが、専用のニードル（針）とフープ（枠）。
ほかに、あると便利なスタンドや
図案を写すとき、
仕上げに必要な道具を紹介します。

フリーステッチングフープ（クロバー）

布をピンと張らないとニードルを刺せません。専用のフープは布をしっかりはさみ、ズレにくいので便利です。12cmと18cmのサイズがあります。

フリーステッチングニードル（クロバー）

針を本体にセットして使います。この本では主に「極太」の針を使用します。また糸を通す際には専用のスレダーも使います。

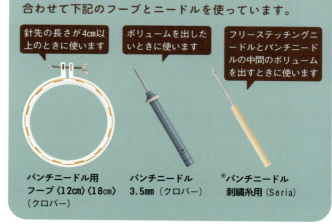

フリーステッチングニードルのほかに、作品に合わせて下記のフープとニードルを使っています。

- 針先の長さが4cm以上のときに使います → パンチニードル用フープ〈12cm〉〈18cm〉（クロバー）
- ボリュームを出したいときに使います → パンチニードル 3.5mm（クロバー）
- フリーステッチングニードルとパンチニードルの中間のボリュームを出すときに使います → ※パンチニードル刺繍糸用（Seria）

※掲載商品は取材時点のものであり、現在お取り扱いしていない場合があります。

フリーステッチングスタンド（クロバー）

この上にフープを乗せて刺します。机に置いたまま刺せるので便利です。

はさみ

ループをカットするときや、形を整えるときなどに使用。先の細いパッチワーク用のはさみや、刃先が小さくて軽いはさみが使いやすいです。

接着剤

木工用や布用を使用するとよいでしょう。差し目、差し鼻を付けるときにはノズルが細いタイプのものが便利です。

図案を写す道具

トレーシングペーパー
実物大図案を写すときに使用します。透けて見える用紙なら薄紙などでもOKです。

手芸用複写紙（片面）
トレーシングペーパーと布の間に入れ、図案をなぞって布に写します。

基本の材料

毛糸と布は必需品です。そのほかに、動物などをつくるときに必要な差し目や差し鼻も紹介します。

毛糸
作品に合った太さ、色の毛糸を使って刺します。この本で使用している毛糸については p.26-27 で紹介しています。

布
土台の生地は、使用するニードルに合わせてオックス生地や目の粗いコットンリネン生地を使います。布の色は刺すとわからなくなりますが、図案を写しやすい白などの淡い色がおすすめ。

差し目、差し鼻
ぬいぐるみ用の差し目、差し鼻は手芸用品店やネットショップなどで買うことができます。差し込み部分が長い場合はカットして使います。

図案の写し方

1
図案をトレーシングペーパーに写す。

2
布の上にトレーシングペーパーを重ね、図案が中心にくるようにフープを置いて確かめる。

3
トレーシングペーパーがずれないよう注意して、布との間に手芸用模写紙を(色のついているほうを下にして)入れる。

4
強めになぞるときれいに写せる！

トレーサーやインクの出なくなったボールペンなどでなぞる。

5
図案が写せたよ！

この面を見ながら針を刺していきますが、ループができるのは裏側。

刺すと裏側にループができ、それを表として使うから、図案は左右が反転しているよ！

布の張り方

1
フープのねじをゆるめ、内枠と外枠に分ける。

2
内枠のエッジがついているほうを上にして置き、図案が中心になるように布を置く。

3
外枠をかぶせて、ねじを軽くしめる。

4
上下左右に均等に布を引っ張りながら、ねじをしめていく。布がピンと張れるまでくり返す。

引っ張りすぎて図案がゆがまないように注意！

5
布がピンと張れていないとニードルが刺しづらいので、途中でゆるんできたときも張り直しましょう。

ニードルについて

この本では3種類のニードルを使っています。針先の長さを変えることでループの高さが変わります。糸の太さは作品のボリュームに合わせて使い分けています。糸はスレダー、とじ針を使って通します。

> 針先は糸の太さに合わせて変えて、針先の長さでループの高さが変わるよ！

針先	針先の長さ	糸通し	糸
フリーステッチングニードル（クロバー）	メモリで6段階調節可能	スレダー	中細糸まで（極太針使用時）
パンチニードル刺繍糸用（Seria）	調節不可（4cm）	スレダー	中細糸まで
パンチニードル3.5mm（クロバー）	コマで4段階調節可能	とじ針	中細・合太・並太毛糸

針の長さが長ければ長いほど、ループが長くなるので立体感が出ます。
ニードルの種類によって針の長さが異なるため、ニードルごとに刺し分けたものを紹介します。

※それぞれ一番針を長くした状態で刺したもの。

ループの高さを比較

フリーステッチングニードル（極太針）：3cm
パンチニードル刺繍糸用（Seria）：4cm
パンチニードル3.5mm：5.5cm

カットしたときのボリュームを比較

フリーステッチングニードル（極太針）：3cm
パンチニードル刺繍糸用（Seria）：4cm
パンチニードル3.5mm：5.5cm

同じ円でもニードルが違うとこんなにボリュームが違う！

糸の通し方

フリーステッチングニードルの場合 　**スレダーを使用**

1

本体に針をセットする。

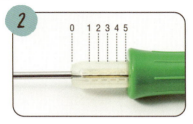

2

針先の長さを調節するメモリを合わせる。

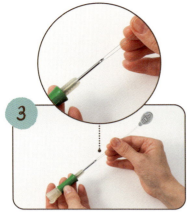

3

針先からスレダーを入れ、ヘッドからスレダーの先を出す。

4

スレダーの先の輪の中に糸を通す。

5

スレダーをゆっくり引き、針先から糸を出す。

6

針先から少し糸を出しておき、今度は針の横穴の外側からスレダーを入れる。

7

スレダーの先の輪の中に糸を通す。

8

スレダーをゆっくり引く。

9

準備完了！　糸は針の外側に出ているのを確認する。

パンチニードルの場合　**とじ針を使用**

1

とじ針にたこ糸を通して固結びし、たこ糸の輪の中に糸を通す。

2

コマを移動させて針先の長さを調節し、針の後ろからとじ針を入れる。

3

とじ針を引き、針先から糸を出す。

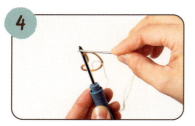
4. そのまま針の横穴の内側からとじ針を入れる。

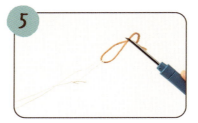
5. とじ針を引いて、糸を通す。

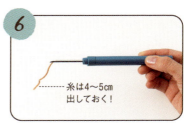
糸は4〜5cm出しておく！
6. 準備完了！ 糸は針の外側に出ているのを確認する。

基本の刺し方

進行方向 ←
針の内側（カットされている面）が進行方向を向くように刺し進める。

1. ニードルを持っていない手で糸端をおさえながら、最初の目を刺す。

2. 針は真下に奥まで刺し込む。

3. そのまま真上に引き上げる。そのとき針先を布から離さず、すべらせるように2針目を刺す。

4. 2〜3をくり返し、必要範囲を刺し終わったら糸が抜けないよう糸をおさえながら針を上へ引き上げ、糸を切る。

ループは裏側にできる。この本では裏側を表として使う。

POINT

OK / NG
針先が布から離れてしまうと糸が抜けてしまうので、針先を布から離さないよう注意！

糸が引っ張られているとスムーズに刺せないので糸は常に余裕をもって出しておきましょう。

パンチニードルはぬり絵をするように刺します！

1. りんかくを刺す

少し間をあけて刺すよ！
2. 刺し埋める

先の細いはさみでカットするよ！
3. 裏返してカットする

1〜3をくり返すと、ループがキレイにカットできて、もこもこにできあがるよ！

うさぎの刺し方はp.16へ！

うさぎ

つぶらな瞳とまんまるしっぽがかわいい
もこもこうさぎ。
すべて白の毛糸でつくれば
まっしろなうさぎに変身！

つくり方 ▶ p.16

白×茶

白×黒

実物大図案

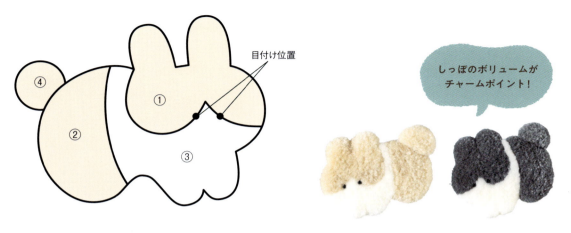

しっぽのボリュームが
チャームポイント！

うさぎ（白×茶）

材料

糸 … DARUMA やわらかラム
　　　col.8バニラ6g、
　　　col.1ホワイト3g
布 … オックス生地16cm×16cm
その他 … 差し目2.5mm×2個、接着剤

道具

フリーステッチングニードル（極太針）
フリーステッチングフープ（12cm）
フリーステッチングスタンド、はさみ

	①②	③	④
ニードル	フリーステッチングニードル（極太針）		
針の長さ	2.5cm（メモリ1）		3cm（メモリ0）
糸量	バニラ5g	ホワイト3g	バニラ1g

うさぎ（白×黒）

材料

糸 … DARUMA やわらかラム
　　　col.39グレー6g、col.1ホワイト3g
布 … オックス生地16cm×16cm
その他 … 差し目2.5mm×2個、接着剤

道具

フリーステッチングニードル（極太針）
フリーステッチングフープ（12cm）
フリーステッチングスタンド、はさみ

	①②	③	④
ニードル	フリーステッチングニードル（極太針）		
針の長さ	2.5cm（メモリ1）		3cm（メモリ0）
糸量	グレー5g	ホワイト3g	グレー1g

うさぎのつくり方

p.14のうさぎのつくり方を、順を追って説明します。
ほかの作品も基本のつくり方は同じなので、
こちらを参考にしてつくってみましょう。

刺す前の準備

図案を写す ▶ p.10　　フープに布を張る ▶ p.10　　針に糸を通す ▶ p.12

1

スタンドを刺しやすいよう回転させながら刺す。

図案①のりんかくを等間隔で刺す。

2

裏のループを絡みにくくするため、1針分空けながらぐるぐるとりんかくの内側を刺す。

3

フープを裏返して、裏のループをカットする。

4

ボリュームが足りないと感じた場合は、4〜6をくり返す。

次に2で1針分空けた部分を刺し埋める。

5

カットしやすいように、一度フープから布をはずし、ループ面を表にして張り直す。

6

裏のループをカットする。

細かい糸くずはテープなどで取っておく。

周りをカットして整えたところ。

7

図案に合わせてりんかくをカットして整える。

8

ハチワレの部分など、形をきっちり出したいところは、はさみを縦に入れて整える。

9
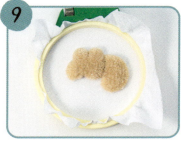
6で逆にしたフープを戻し、張り直してから②のおしりの部分も①の顔と同様に刺し、ループをカットする。

10

③は糸の色を替え、同様に刺してカットする。

しっぽなどの小さなパーツは1針分空けず一気に刺し埋めてもOK！

11

④は針の長さと糸の色を替えて、同様に刺してループ面を表にして張り直し、ループをカットする。

12

りんかくが丸くなるようカットして整える。

13

足の間など形が出にくいところは、はさみを縦に入れてカットする。

14

差し目を接着剤で付ける。

15

できあがり！

※裏側の処理の仕方とキーホルダー、ブローチの仕立て方はp.30へ！

くま

うさぎをかぶったくま

クリームさくらんぼのせくま

くま

そのままでもかわいいけど
かぶりものをかぶったり、
さくらんぼをのせたり…。
かぶりものの毛糸はファーでもこもこ。

つくり方 ▶ p.34 - 35

きぼりのくまとしゃけ

くまといえば…北海道！
切り身のしゃけといっしょだと
さらにキュートに。

つくり方 ▶ p.35 - 36

文鳥

手のひらにのせてもかわいい文鳥。
ブローチにして
いっしょにお出かけしても。

つくり方 ▶ p.36 - 37

ノーマル

白

シナモン

ふくろう親子

親子3羽、雪の中で
寄り添う姿がとってもかわいい。
ひなの表情の違いにも注目。

つくり方 ▶ p.38

ミケ

ねこ

ピンクのお鼻と
糸でつくったひげが
チャームポイント。

つくり方 ▶ p.39-40

ハチ

クロ

リアル

キュート

ねこの肉球

ねこの手も借りたい！
大きさは本物のねこの手の実物大？
初心者はキュートのほうがかんたんです。

つくり方 ▶ p.40 - 41

えびふらい おにぎり

食べちゃいたくなる！
えびふらいには
かわいいおめめがついてます。

つくり方 ▶ p.42

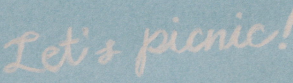

いきものパン

いきものたちが、
もこもこ、かわいいパンになっちゃった！

つくり方 ▶ p.47

かにのぱん

わにのぱん

COLUMN

毛糸の選び方

この本で使用した糸をいくつか紹介します。本の作品と同じ雰囲気に仕上げたいときは同じ糸、色を使うのが一番ですが、もちろん違う色を使ってもOK。ただし、針の太さに合わせた糸を使わないと刺しづらくなってしまいますので注意しましょう。

※糸の太さと針の関係はp.11の表を参照。

DARUMA やわらかラム

ベビー・キッズ用のやわらかい肌触りと淡い色が特徴の毛糸。ループをカットすると糸の束感が残りにくく、ぬいぐるみのファー生地のように見えるので一番使用頻度が高い。

Col.1 ホワイト
Col.8 バニラ
Col.11 ストーン
Col.39 グレー
Col.5 アプリコット

DARUMA iroiro

50色展開している中細毛糸。ブラウン系の色が充実していて、動物の毛色を表現するのにぴったり。

Col.1 オフホワイト
Col.2 マッシュルーム
Col.3 ハニーベージュ
Col.4 きなこ
Col.5 ピーナッツバター
Col.6 チャイ
Col.9 サンドベージュ

Col.48 ダークグレー
Col.49 グレー
Col.50 ライトグレー

オリムパス ロイヤルベビー

メリノウールにベビーアルパカをブレンドしたやわらかい毛糸。ループをカットしても撚りのくるくるがしっかり残ってくれるのでトイプードルなどの毛並みを表現するのにぴったり。

Col.109 グレージュ
Col.104 ベージュ

ハマナカ　ソノモノ ヘアリー

アルパカウールを起毛させたふわふわの毛糸。白猫のふわふわした毛並みにぴったり。細い糸を活かしてループカットをした後は整え過ぎないようにするのがコツ。

Col.121きなり

ハマナカ　ソノモノ《合太》

ウール100%で染料を使用していないナチュラルカラーの毛糸。うす茶はウォームグレーに近い色で、淡い色のシャムネコのイメージにぴったり。

Col.1きなり

Col.2うす茶

ハマナカ　ソノモノ アルパカブークレ

ぽこぽこしたループ形状が特徴の毛糸。太い糸なのでパンチニードル（3.5mm）を使用するが、ループをカットしなくてもモコモコした質感になる。

Col.151白

DMC　TEDDY（テディ）

毛足が長くふわふわしたファーヤーン。ファーのおかげで糸の芯が見えにくく、気になる部分だけループをカットすればふわふわのぬいぐるみのような作品に。

Col.310白

パピー ブリティッシュファイン

少し硬さを感じる手触りのウール100%毛糸。ざっくりした糸なので、シュナウザーのモシャモシャした毛質にぴったり。カラー展開が豊富なのも魅力。

Col.1白

Col.10杢グレー

元廣　ウルグアイウールウォッシャブル合太

ウール100%の柔らかい手触りの毛糸。ループをカットしても束感が残るので、動物の毛並みの表現にぴったり。太めの合太毛糸のため、フリーステッチングニードルの極太針には不向き。

Col.37ホワイト

Col.35ベージュ

コウテイペンギン親子

いざ、南極！
かわいいコウテイペンギンの親子が待っています。
ひなの毛をふわふわにするのがポイント。

つくり方 ▶ p.44 - 45

あざらし親子

ぷかぷか、かわいいあざらし親子。
まんまるなフォルムの子あざらし、
泳ぎはまだ練習中?

つくり方 ▶ p.45 - 46

COLUMN

裏側の処理の仕方と
キーホルダー、ブローチの仕立て方

できあがった作品は、裏側の処理をしておきましょう。ブローチやキーホルダーに仕立てれば
いつも一緒に持ち歩けます。ブローチ等にしない場合も、裏側の処理は同じです。

キーホルダー・ブローチ共通
材料＆道具
厚さ0.5mmのプラ板、厚さ2mmのフェルト、接着剤、はさみ、ヘラ、定規、手芸用ペン、グルーガン、まち針、縫い針、刺繍糸
プラ版…100均などで購入できます。縮まないものを使ってください。
接着剤…木工用や布用がおすすめです。

キーホルダー
材料
ボールチェーン、15mm幅のサテンリボン4〜5cm

ブローチ
材料
作品の大きさに合うブローチピン

1 できあがった作品の裏に接着剤を塗る。

2 ヘラなどを使って薄く全体にのばす。このとき外側に5mmはみ出して塗る。

3 塗り終わったら、半日くらい置いて完全に乾かす。

4 裏側のループを切らないよう注意しながら、作品の周囲2mmくらいのところでカットする。

5 プラ板に図案を写し、作品よりひと回り（2mmくらい）小さく切る。

6 作品の裏側にグルーガン（なければ接着剤）を塗る。

7 プラ板と合わせて接着する。

8 フェルトを作品より少し大きく切り、そこに作品を置いて周囲を手芸用ペンでなぞる。

9 フェルトはペンでなぞったほうが裏側になる。

ブローチorキーホルダーで、ここから手順が異なります。
（ブローチの場合）（キーホルダーの場合）
それぞれの手順へ進んでください。

この後は
工程16（p.32）へ
進むよ

ブローチの場合

10 ブローチをつけたい位置にブローチピンを置き、ピンの穴に手芸用ペンで印をつける。

11 印をつけた部分に針を刺して、穴の位置が表側からわかるようにする。

12 穴の位置にブローチピンの穴を合わせて縫い付ける。

キーホルダーの場合

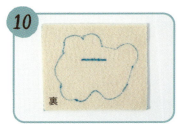

10 フェルトの左右真ん中で、写真くらいの位置に1.5cmの線を付ける。

11 線に沿ってはさみで切り込みを入れる。

POINT フェルトを折って切ると切りやすくなります。

12 サテンリボンを半分に折り、輪になった部分を上にして表側から切った穴に入れる。

13 サテンリボンは1cmくらい出しておき、フェルトとサテンリボンを合わせて穴の下側をまち針でとめる。

14 刺繍糸を2本取りにして縫い針に通し、玉結びをする。穴の下側の部分を数ヶ所縫ってサテンリボンを仮どめする。

仮どめした糸の上から、目をなるべく詰めて巻きかがり縫い（p.72参照）をする。

フェルトの裏中心あたりにグルーガンまたは接着剤を塗る。

作品と合わせて接着する。

中心が乾いたら、毛糸につかないよう注意しながらプラ板部分にグルーガンを塗って、周りも接着する。

ニードルを刺した白い布に合わせて余分なフェルトを切る。

刺繍糸を2本取りにして縫い針に通し、玉結びをする。縫い始めは、布とフェルトの間から針を入れる。

最初に針を出した同じ位置にもう一度針を入れ、糸を針にかけてから引き抜く。

「3mmほど空けて隣に針を刺し、糸を針にかけてから針を引き抜く」のをくり返し、ブランケットステッチ（p.72参照）で周りをかがる。

できあがり！

ブローチ

キーホルダー

周りをかがり終わったら、できあがり！
キーホルダーのサテンリボンにはボールチェーンを通して使ってください。

図案 & つくり方

図案と表の見方

②③はフリーステッチングニードル（極太針）を3㎝（メモリ0）にした状態で、毛糸はバニラ6gを使用して刺していく。

この位置に差し目（3㎜）を接着剤で付ける。

目付け位置

鼻付け位置

この位置に差し目（4㎜）を接着剤で付ける。

①はフリーステッチングニードル（極太針）を3㎝（メモリ0）にした状態で、毛糸はホワイト2gを使用して刺していく。

	①	②③
ニードル	フリーステッチングニードル（極太針）	
針の長さ	3㎝（メモリ0）	
糸量	ホワイト2g	バニラ6g

※それぞれの作品で使用する材料や道具は作品ごとに記載しています。

つくりはじめる前に

○図案は実物大です。使用する際はトレーシングペーパーに写すか、またはコピーをしてご使用ください。
○もくじの二次元コードより、実物大図案のデータをダウンロードすることもできます。こちらの場合は、必要な図案をプリントアウトしてご使用ください。

つくり方について

○指定のない数字の単位は㎝です。
○目や鼻は接着剤で貼るので、小さなお子様が口にしないようご注意ください。
○ループをカットする際、細かい毛糸が周囲に飛散する可能性があります。吸い込む可能性もあるため、室内は換気をし、場合によってはマスクなどをつけてカットしてください。
○キーホルダーやブローチに仕立てる場合はp.30の材料&道具を参照してください。

PATTERN PAPER & HOWTO MAKE

くま (p.18)

材料
- 糸…DARUMA やわらかラム col.1ホワイト2g、col.8バニラ6g
- 布…オックス生地16cm×16cm
- その他…差し目3mm×2個・4mm×1個、接着剤

道具
フリーステッチングニードル(極太針)、フリーステッチングフープ(12cm)、フリーステッチングスタンド、はさみ

つくり方
- ①を刺し、ループをカットして整える
- ②〜③も同様にする
- 目には3mm、鼻には4mmの差し目を接着剤で付ける

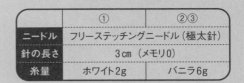

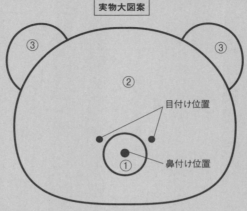

POINT
- ▶ ②を刺すときは①との境目を1針分ほど空けて刺すと糸が絡まず境目がはっきりします
- ▶ ③の耳は左右刺し終えてからカットすると、バランス良く仕上がります

	①	②③
ニードル	フリーステッチングニードル(極太針)	
針の長さ	3cm(メモリ0)	
糸量	ホワイト2g	バニラ6g

うさぎをかぶったくま (p.18)

材料
- 糸…DARUMA やわらかラム col.1ホワイト2g、col.8バニラ3g、col.7ベビーピンク2g
  DMC TEDDY(テディ) col.310白10g
- 布…目の粗いコットンリネン生地16cm×16cm
- その他…差し目3mm×3個、接着剤

道具
フリーステッチングニードル(極太針)、パンチニードル刺繍糸用(Seria)、パンチニードル用フープ(12cm)、はさみ

つくり方
- ①を刺し、ループをカットして整える
- ②〜④も同様にする
- 目と鼻に差し目を接着剤で付ける

POINT
- ▶ ④の糸はボリュームがあるため①〜③よりも間隔を広く刺すと自然な仕上がりになります
- ▶ ④の糸はファーヤーンのためりんかくを整える程度のカットでOK

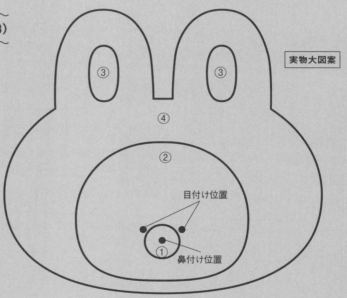

	①	②	③	④
ニードル	フリーステッチングニードル(極太針)			パンチニードル刺繍糸用(Seria)
針の長さ	3cm(メモリ0)			4cm(調節不可)
糸量	ホワイト2g	バニラ3g	ベビーピンク2g	白10g

クリームさくらんぼのせくま (p.18)

材料

糸…DARUMA やわらかラム　col.1ホワイト4g、col.8バニラ6g、col.35赤2g
布…オックス生地16cm×16cm
その他…差し目3mm×2個・4mm×1個、細ゴム6cm×1本、接着剤

道具

フリーステッチングニードル(極太針)、フリーステッチングフープ(12cm)、フリーステッチングスタンド、はさみ、グルーガン

つくり方

・①を刺し、ループをカットして整える
・②〜⑤も同様にする
・目には3mm、鼻には4mmの差し目を接着剤で付ける
・細ゴム(さくらんぼの軸)をグルーガンで固定する

POINT

▶ ④のさくらんぼはカットで丸く整えてから⑤を刺し、⑤を刺すときは④との境目を1針分ほど空けて刺します

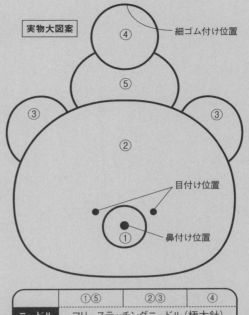

	①⑤	②③	④
ニードル	フリーステッチングニードル(極太針)		
針の長さ	3cm (メモリ0)		
糸量	ホワイト4g	バニラ6g	赤2g

きぼりのくま (p.19)

材料

糸…DARUMA やわらかラム　col.1ホワイト1g、col.8バニラ10g
布…オックス生地16cm×16cm
その他…差し目3mm×3個、接着剤

道具

フリーステッチングニードル(極太針)、フリーステッチングフープ(12cm)、フリーステッチングスタンド、はさみ

つくり方

・①を刺し、ループをカットして整える
・②〜⑤も同様にする
・目と鼻に差し目を接着剤で付ける

POINT

▶ ④を刺すときは②との境目を1針分ほど空けて刺します
▶ ④のようにほかのパーツと比べて広い面積を刺すときは、あまり密に刺さず、足りなければ刺し足す気持ちで進め、最後に全体のバランスを見ながら調整しましょう

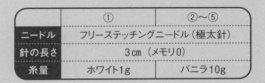

	①	②〜⑤
ニードル	フリーステッチングニードル(極太針)	
針の長さ	3cm (メモリ0)	
糸量	ホワイト1g	バニラ10g

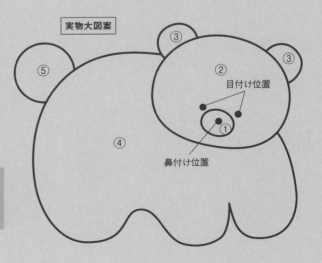

しゃけ (p.19)

材料
糸 … DARUMA やわらかラム col.5 アプリコット 4g
　　 DARUMA iroiro col.50 ライトグレー 2g
布 … オックス生地 16cm×16cm

道具
フリーステッチングニードル(極太針)、フリーステッチングフープ(12cm)、フリーステッチングスタンド、はさみ

つくり方
・①を刺し、ループをカットして整える
・②も同様にする

POINT
▶ ②のように面積が狭いパーツは、①よりも密に刺すことを意識するとバランスよく仕上がります

	①	②
ニードル	フリーステッチングニードル(極太針)	
針の長さ	3cm(メモリ0)	
糸量	アプリコット4g	ライトグレー2g

実物大図案

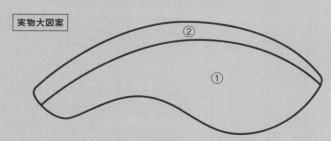

文鳥・白 (p.20)

材料
糸 … DARUMA iroiro col.38 チェリーピンク 1g
　　 DARUMA やわらかラム col.1 ホワイト 7g
布 … オックス生地 16cm×16cm
その他 … 差し目 4mm×1個、接着剤

道具
フリーステッチングニードル(極太針)、フリーステッチングフープ(12cm)、フリーステッチングスタンド、はさみ

つくり方
・①を刺し、ループをカットして整える
・②〜③も同様にする
・差し目を接着剤で付ける

POINT
[共通]
▶ ①のクチバシ部分は小さなパーツなので、細かく密に刺すように意識しましょう。スカスカに刺してしまうときれいなクチバシの形になりません
▶ ②のループをカットして整える際は、表面をカットし過ぎないよう気をつけて、ふっくらしたほっぺにしましょう

	①	②	③
ニードル	フリーステッチングニードル(極太針)		
針の長さ	2.3cm(メモリ2)	3cm(メモリ0)	2.5cm(メモリ1)
糸量	チェリーピンク1g	ホワイト1g	ホワイト6g

実物大図案

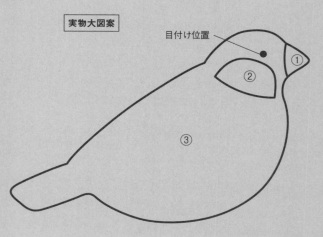

目付け位置

文鳥・ノーマル、シナモン (p.20)

材料

[ノーマル]
- 糸 … DARUMA iroiro　col.38 チェリーピンク1g、col.50 ライトグレー2g
　DARUMA やわらかラム　col.1 ホワイト1g、col.39 グレー1g、col.8 バニラ2g
- 布 … オックス生地16cm×16cm
- その他 … 差し目4mm×1個、接着剤

[シナモン]
- 糸 … DARUMA iroiro　col.38 チェリーピンク1g、col.1 オフホワイト2g、col.2 マッシュルーム2g
　DARUMA やわらかラム　col.1 ホワイト1g、col.14 シナモン1g
- 布 … オックス生地16cm×16cm
- その他 … 差し目4mm×1個、接着剤

道具

[共通]
フリーステッチングニードル（極太針）、フリーステッチングフープ（12cm）、フリーステッチングスタンド、はさみ

つくり方

[共通]
- ①を刺し、ループをカットして整える
- ②〜⑥も同様にする
- 差し目を接着剤で付ける

ノーマル

	①	②	③⑥	④	⑤
ニードル	フリーステッチングニードル（極太針）				
針の長さ	2.3cm（メモリ2）	2.5cm（メモリ1)			
糸量	チェリーピンク 1g	ホワイト 1g	グレー 1g	ライトグレー 2g	バニラ 2g

シナモン

	①	②	③⑥	④	⑤
ニードル	フリーステッチングニードル（極太針）				
針の長さ	2.3cm（メモリ2）	2.5cm（メモリ1)			
糸量	チェリーピンク 1g	ホワイト 1g	シナモン 1g	オフホワイト 2g	マッシュルーム 2g

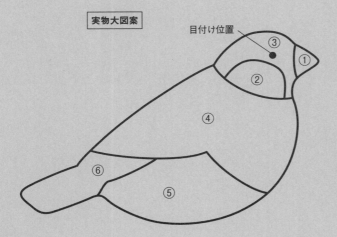

実物大図案

POINT
▶ 頭やほっぺの部分など小さなパーツは、体などの大きなパーツよりも密に刺すとバランスよく仕上がります

★ポイントはp.36

ふくろう・親 (p.21)

材料
- 糸 … DARUMA iroiro col.3 ハニーベージュ2g
  DARUMA やわらかラム col.1 ホワイト11g
  オリムパス ロイヤルベビー
  col.109 グレージュ2g
- 布 … 目の粗いコットンリネン生地24cm×24cm
- その他 … 差し目4mm×2個、接着剤

道具
フリーステッチングニードル（極太針）、
パンチニードル3.5mm、フリーステッチング
フープ（18cm）、フリーステッチング
スタンド、はさみ

つくり方
- ①を刺し、ループをカットして整える
- ②〜⑥も同様にする
- 最後に⑦をライン状に数か所刺して、
  ループをカットし⑥と高さを揃える
- 差し目を接着剤で付ける

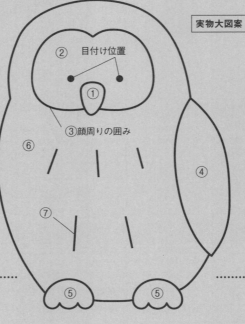

実物大図案

	①	②	③	④⑥	⑤	⑦
ニードル	フリーステッチングニードル（極太針）			パンチニードル3.5mm	フリーステッチングニードル（極太針）	パンチニードル3.5mm
針の長さ	3cm（メモリ0）			3.5cm	2.3cm（メモリ2）	3.5cm
糸量	ハニーベージュ1g	ホワイト1g	グレージュ1g	ホワイト10g	ハニーベージュ1g	グレージュ1g

POINT
- ①のクチバシ部分は細かく密に刺すことを意識しましょう。同様に⑤の足も密に刺すときれいな形になります
- ⑤の足は丸くカットして整えた後、はさみを立てて切り込みを入れるようにしてつくります
- ④と⑥の境目は、はさみを立ててカットするとカットしやすくなります

ふくろう・ひな (p.21)

材料 (1羽分)
- 糸 … DARUMA iroiro col.3 ハニーベージュ1g、
  col.1 オフホワイト1g
  オリムパス ロイヤルベビー col.109 グレージュ5g
- 布 … オックス生地16cm×16cm
- その他 … 差し目3mm×2個、接着剤
- ※寝ているひなの目：コスモ25番刺繍糸 col.895 濃いグレー

道具
フリーステッチングニードル（極太針）、フリーステッチングフープ（12cm）、フリーステッチングスタンド、はさみ

つくり方
- ①を刺し、ループをカットして整える
- ②〜③も同様にする
- 差し目を接着剤で付ける
- ※寝ているひなの場合は、刺繍糸2本取りで2回縫って目をつくる

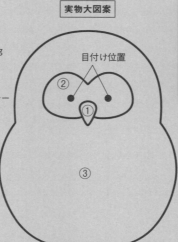

実物大図案

	①	②	③
ニードル	フリーステッチングニードル（極太針）		
針の長さ	2.5cm（メモリ1）		3cm（メモリ0）
糸量	ハニーベージュ1g	オフホワイト1g	グレージュ5g

POINT
- ①のクチバシ部分は細かく密に刺すことを意識しましょう。スカスカに刺してしまうときれいなクチバシの形になりません
- ③を刺した後、クチバシが埋もれて見えなくなるので、クチバシ周りはしっかりカットしましょう

ねこ・ミケ (p.22)

材料
- 糸 … DARUMA iroiro col.4 きなこ 2g
  DARUMA やわらかラム col.1 ホワイト 3g、col.39 グレー 2g
- 布 … オックス生地 16cm×16cm
- その他 … 差し目3mm×2個、差し鼻（ライトピンク）4.5mm×1個、ボタン付け糸#20（白）、接着剤

道具
フリーステッチングニードル（極太針）、フリーステッチングフープ（12cm）、フリーステッチングスタンド、はさみ、とじ針

つくり方
- ①を刺し、ループをカットして整える
- 同じ糸で②を刺す
- ③を刺し、ループをカットして整える
- 同じ糸で④を刺し②と一緒にバランスを見ながらカットする
- ⑤を刺し、ループをカットして全体を整える
- 差し目、差し鼻を接着剤で付ける
- ヒゲはボタン付け糸を4本束にし、とじ針など穴の太い針に通して鼻の脇の裏側から表側へ通し、好きな長さでカットする

	①②	③④	⑤
ニードル	フリーステッチングニードル（極太針）		
針の長さ	3cm（メモリ0）		
糸量	きなこ2g	グレー2g	ホワイト3g

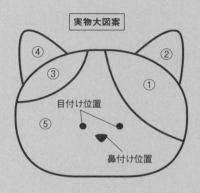

実物大図案

★ポイントはp.40

ねこ・ハチ (p.22)

材料
- 糸 … DARUMA やわらかラム col.1 ホワイト 1g
  DARUMA iroiro col.50 ライトグレー 4g
- 布 … オックス生地 16cm×16cm
- その他 … 差し目3mm×2個、差し鼻（ライトピンク）4.5mm×1個、ボタン付け糸#20（白）、接着剤

道具
フリーステッチングニードル（極太針）、フリーステッチングフープ（12cm）、フリーステッチングスタンド、はさみ、とじ針

つくり方
- ①を刺し、ループをカットして整える
- ②～③も同様にする
- 差し目、差し鼻を接着剤で付ける
- ヒゲはボタン付け糸を4本束にし、とじ針など穴の太い針に通して鼻の脇の裏側から表側へ通し、好きな長さでカットする

	①	②③
ニードル	フリーステッチングニードル（極太針）	
針の長さ	3cm（メモリ0）	
糸量	ホワイト1g	ライトグレー4g

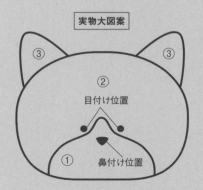

実物大図案

★ポイントはp.40

ねこ・クロ (p.22)

[材料]

糸…DARUMA やわらかラム　col.39 グレー 5g
布…オックス生地 16cm×16cm
その他…差し目3mm×2個、差し鼻（ライトピンク）4.5mm×1個、ボタン付け糸#20（白）、接着剤

[道具]

フリーステッチングニードル（極太針）、フリーステッチングフープ（12cm）、フリーステッチングスタンド、はさみ、とじ針

[つくり方]

・①を刺し、ループをカットして整える
・②も同様にする
・差し目、差し鼻を接着剤で付ける
・ヒゲはボタン付け糸を4本束にし、とじ針など穴の太い針に通して鼻の脇の裏側から表側へ通し、好きな長さでカットする

POINT
［共通］
▶ 耳は左右の大きさを揃えるために同じタイミングでカットしましょう

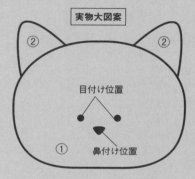

	①②
ニードル	フリーステッチングニードル（極太針）
針の長さ	3cm（メモリ0）
糸量	グレー 5g

実物大図案

ねこの肉球・キュート (p.23)

[材料]

糸…DARUMA やわらかラム　col.7 ベビーピンク 3g、col.1 ホワイト 4g
布…オックス生地 16cm×16cm

[道具]

フリーステッチングニードル（極太針）、フリーステッチングフープ（12cm）、フリーステッチングスタンド、はさみ

[つくり方]

・①を刺し、ループをカットして整える
・②〜④も同様にする

POINT
［共通］
▶ 隣り合うパーツが近い場合、ループが絡みカットし難くなるため刺す順番には気をつけましょう

★実物大図案・表は p.41

ねこの肉球・リアル (p.23)

材料
- 糸 … DARUMA やわらかラム col.7 ベビーピンク 2g、col.15 ブラック 1g、col.1 ホワイト 3g
  DARUMA iroiro col.6 チャイ 2g
- 布 … オックス生地 24cm×24cm

道具
フリーステッチングニードル(極太針)、フリーステッチングフープ(18cm)、フリーステッチングスタンド、はさみ

つくり方
・①を刺し、ループをカットして整える
・②〜⑦も同様にする

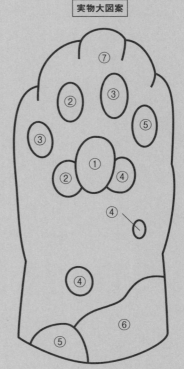

実物大図案

★ポイントはp.40

	①②③	④⑤	⑥	⑦
ニードル	フリーステッチングニードル(極太針)			
針の長さ	3cm (メモリ0)			
糸量	ベビーピンク2g	ブラック1g	チャイ2g	ホワイト3g

★p.40の続き

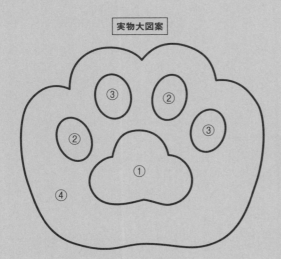

実物大図案

	①②③	④
ニードル	フリーステッチングニードル(極太針)	
針の長さ	3cm (メモリ0)	
糸量	ベビーピンク3g	ホワイト4g

えびふらい (p.24)

材料
- 糸 … DARUMA やわらかラム col.3 クリーム 4g、col.5 アプリコット 1g
- 布 … オックス生地 16cm×16cm
- その他 … 差し目 2.5mm×2個、接着剤

道具
フリーステッチングニードル(極太針)、フリーステッチングフープ(12cm)、フリーステッチングスタンド、はさみ

つくり方
- ①を刺し、ループをカットして整える
- ②も同様にする
- 差し目を接着剤で付ける

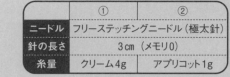

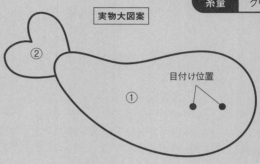

実物大図案　目付け位置

	①	②
ニードル	フリーステッチングニードル(極太針)	
針の長さ	3cm (メモリ0)	
糸量	クリーム 4g	アプリコット 1g

POINT
▶ ②を刺すときは①との境目を1針分ほど空けると、きれいに仕上がります

おにぎり (p.24)

材料
- 糸 … DARUMA iroiro col.47黒 3g、DARUMA やわらかラム col.1ホワイト 5g
- 布 … オックス生地 16cm×16cm

道具
フリーステッチングニードル(極太針)、フリーステッチングフープ(12cm)、フリーステッチングスタンド、はさみ

つくり方
- ①を刺し、ループをカットして整える
- ②も同様にする

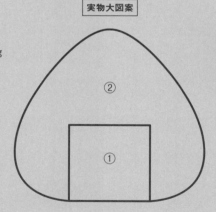

実物大図案

	①	②
ニードル	フリーステッチングニードル(極太針)	
針の長さ	3cm (メモリ0)	
糸量	黒 3g	ホワイト 5g

POINT
▶ ①の黒い糸は、カット時に出る糸くずが②の白糸に混ざりやすいため、②を刺す前にテープ等で糸くずを取り除いておきましょう

★p.43の続き

POINT
▶ 顔と体の境目をはっきりさせるため、④を刺すときは顔との境目を1針分ほど空けて刺していきます。最後に整えるときも、はさみを立てて境目をカットし、りんかくをつくりましょう
▶ 足や耳など小さなパーツは密に刺すときれいに仕上がります
▶ 体のラインが複雑なのでりんかくを整えるときは、図案を見たり、裏側を確認しながらカットするとよいでしょう

	①⑤	②③④⑥
ニードル	フリーステッチングニードル(極太針)	
針の長さ	3cm (メモリ0)	
糸量	ホワイト 2g	ライトグレー 7g

ねこポーズ・やんのか (p.74)

[材料]
- 糸…ハマナカ ソノモノ ヘアリー col.121 きなり 12g
  DARUMA やわらかラム col.7 ベビーピンク 1g
- 布…オックス生地 24cm×24cm
- その他…差し目3mm×2個、差し鼻（ライトピンク）4.5mm×1個、ボタン付け糸#20（白）、接着剤

[道具]
フリーステッチングニードル（極太針）、フリーステッチングフープ（18cm）、フリーステッチングスタンド、はさみ、とじ針

[つくり方]
- ①を刺し、ループをカットして整える　・②～④も同様にする
- 差し目、差し鼻を接着剤で付ける
- ヒゲはボタン付け糸を4本束にし、とじ針など穴の太い針に通して鼻の脇の裏側から表側へ通し、好きな長さでカットする

	①③④	②
ニードル	フリーステッチングニードル（極太針）	
針の長さ	3cm（メモリ0）	2.5cm（メモリ1）
糸量	きなり12g	ベビーピンク1g

POINT
- ▶ 顔と体の境目（①と③）をはっきりさせるため、③を刺すときは①との境目を1針分ほど空けて刺していきます。最後に整えるときも、はさみを立てるようにして境目をカットしてりんかくをつくりましょう
- ▶ ④はりんかくをあまり整えずラフに残すと、怒ってしっぽを逆立てている雰囲気に仕上がります

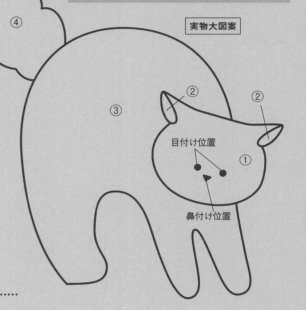

実物大図案

ねこポーズ・おすまし (p.74)

[材料]
- 糸…DARUMA やわらかラム col.1 ホワイト 2g
  DARUMA iroiro col.50 ライトグレー 7g
- 布…オックス生地 24cm×24cm
- その他…差し目2.5mm×2個、差し鼻（ライトピンク）4.5mm×1個、ボタン付け糸#20（白）、接着剤

[道具]
フリーステッチングニードル（極太針）、フリーステッチングフープ（18cm）、フリーステッチングスタンド、はさみ、とじ針

[つくり方]
- ①を刺し、ループをカットして整える
- ②～⑥も同様にする
- 差し目、差し鼻を接着剤で付ける
- ヒゲはボタン付け糸を4本束にし、とじ針など穴の太い針に通して鼻の脇の裏側から表側へ通し、好きな長さでカットする

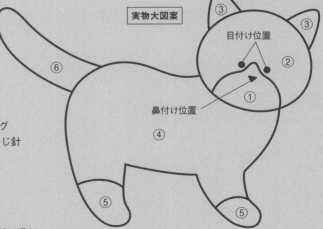

実物大図案

★表・ポイントはp.42

43

コウテイペンギン・親 (p.28)

材料

糸 … DARUMA iroiro　col.35 みかん 0.5g
　　DARUMA やわらかラム　col.39 グレー 4g、col.4 カスタード 2g、
　　col.1 ホワイト 7g
布 … オックス生地 24cm×24cm
その他 … 差し目 3mm×1個、接着剤

道具

フリーステッチングニードル(極太針)、フリーステッチングフープ(18cm)、フリーステッチングスタンド、はさみ

つくり方

・①を刺し、ループをカットして整える
・②〜⑧も同様にする
・差し目を接着剤で付ける

POINT

▶ 1つ1つのパーツが小さく、形も複雑なので、図案を確認しながらりんかくを整えましょう
▶ ⑤は最後にはさみを立てて切り込みを入れるようにカットすると足先がきれいに分かれます

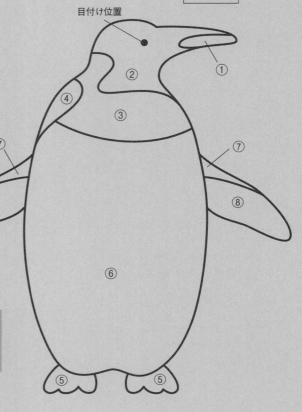

実物大図案
目付け位置

	①	②④	③	⑤⑦	⑥	⑧
ニードル	フリーステッチングニードル(極太針)					
針の長さ	2.3cm (メモリ2)	2.5cm (メモリ1)	2.3cm (メモリ2)	2.5cm (メモリ1)	2.3cm (メモリ2)	
糸量	みかん 0.5g	グレー 2g	カスタード 2g	グレー 2g	ホワイト 5g	ホワイト 2g

コウテイペンギン・ひな (p.28)

材料

糸 … DARUMA iroiro　col.48 ダークグレー 0.5g、col.50 ライトグレー 7g
　　DARUMA やわらかラム　col.1 ホワイト 2g、col.39 グレー 2g
布 … オックス生地 16cm×16cm
その他 … 差し目 3mm×2個、接着剤

道具

フリーステッチングニードル(極太針)、フリーステッチングフープ(12cm)、フリーステッチングスタンド、はさみ

★実物大図案・表は p.45

つくり方

・①を刺し、ループをカットして整える
・②〜⑤も同様にする
・差し目を接着剤で付ける

POINT

▶ ①はパーツが小さいので密に刺すときれいに仕上がります
▶ ③は②との境目の糸の絡みを取ってからカットすると境目がはっきりします

あざらし・子 (p.29)

材料
糸 … DARUMA やわらかラム col.1 ホワイト 8g
　　DARUMA iroiro col.50 ライトグレー 1g
布 … 目の粗いコットンリネン生地 16cm×16cm
その他 … 差し目 4mm×2個、差し鼻 4.5mm×1個、接着剤

道具
フリーステッチングニードル（極太針）、パンチニードル刺繍糸用（Seria）、パンチニードル用フープ（12cm）、はさみ

つくり方
・①を刺し、ループをカットして整える
・②〜④も同様にする
・差し目と差し鼻を接着剤で付ける
・目の上にライトグレーの糸を左右1回ずつ刺し、ループをカットして整える

	①	②	③④	目の上
ニードル	パンチニードル刺繍糸用（Seria）		フリーステッチングニードル（極太針）	
針の長さ	4cm（調節不可）		3cm（メモリ0）	
糸量	ホワイト 2g	ライトグレー 0.5g	ホワイト 6g	ライトグレー 少量

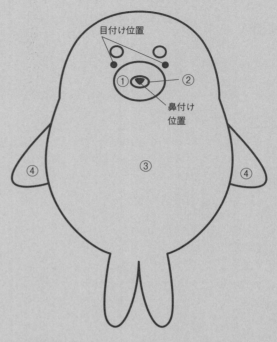

実物大図案

目付け位置
鼻付け位置

POINT
▶ ①はパーツが小さいので密に刺すときれいに仕上がります
▶ 差し目は①に斜めに刺すようにして固定します

★ p.44の続き

実物大図案

目付け位置

	①	②	③④	⑤
ニードル	フリーステッチングニードル（極太針）			
針の長さ	2.5cm（メモリ1）			3cm（メモリ0）
糸量	ダークグレー 0.5g	ホワイト 2g	グレー 2g	ライトグレー 7g

あざらし・親 (p.29)

材料
糸 … パピー ブリティッシュファイン col.10 杢グレー7g
　　 DARUMA やわらかラム col.39 グレー2g
布 … オックス生地24cm×24cm
その他 … 差し目4mm×2個、差し鼻4.5mm×1個、ボタン付け糸♯20(白)、接着剤

道具
フリーステッチングニードル(極太針)、フリーステッチングフープ(18cm)、フリーステッチングスタンド、はさみ、縫い針

つくり方
・①を刺し、ループをカットして整える
・②〜④も同様にする
・差し目と差し鼻を接着剤で付ける
・ヒゲはボタン付け糸を1本ずつ裏側から表側へ通し、好きな長さでカットする

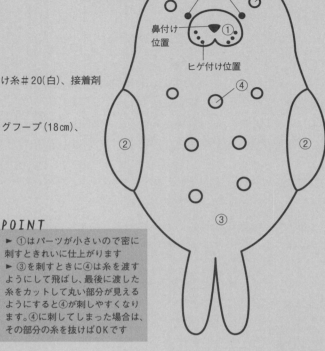

	①②	③	④
ニードル	フリーステッチングニードル(極太針)		
針の長さ	3cm (メモリ0)	2.5cm (メモリ1)	
糸量	杢グレー1g	杢グレー6g	グレー2g

POINT
▶ ①はパーツが小さいので密に刺すときれいに仕上がります
▶ ③を刺すときに④は糸を渡すようにして飛ばし、最後に渡した糸をカットして丸い部分が見えるようにすると④が刺しやすくなります。④に刺してしまった場合は、その部分の糸を抜けばOKです

らっこ (p.73)

材料
糸 … DARUMA iroiro col.48 ダークグレー3g、col.47 黒1g、col.50 ライトグレー5g
布 … オックス生地16cm×16cm
その他 … 差し目4mm×2個、接着剤

道具
フリーステッチングニードル(極太針)、フリーステッチングフープ(12cm)、フリーステッチングスタンド、はさみ

つくり方
・①を刺し、ループをカットして整える
・②〜③も同様にする
・差し目を接着剤で付ける

POINT
▶ ①、②はりんかくをしっかりと整えるときれいに仕上がります

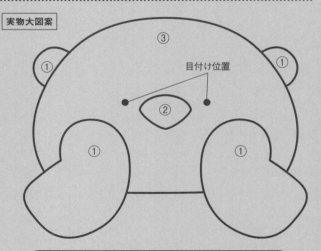

	①	②	③
ニードル	フリーステッチングニードル(極太針)		
針の長さ	2.5cm (メモリ1)		3cm (メモリ0)
糸量	ダークグレー3g	黒1g	ライトグレー5g

いきものパン・かにのぱん (p.25)

材料
糸 … DARUMA やわらかラム col.8 バニラ 8g
布 … オックス生地 16cm × 16cm
その他 … 差し目 3mm × 2個、接着剤

道具
フリーステッチングニードル（極太針）、フリーステッチングフープ（12cm）、フリーステッチングスタンド、はさみ

つくり方
・①を刺し、ループをカットして整える
・②〜④も同様にする
・差し目を接着剤で付ける

POINT
▶ 同色のパーツ同士が隣り合って複数並んでいるので、境目が曖昧にならないようパーツ毎にりんかくをしっかりカットするときれいに仕上がります

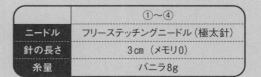

	①〜④
ニードル	フリーステッチングニードル（極太針）
針の長さ	3cm（メモリ0）
糸量	バニラ 8g

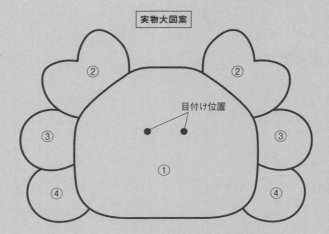

実物大図案

いきものパン・わにのぱん (p.25)

材料
糸 … DARUMA やわらかラム col.8 バニラ 10g
布 … オックス生地 24cm × 24cm
その他 … 差し目 2.5mm × 2個、接着剤

道具
フリーステッチングニードル（極太針）、フリーステッチングフープ（18cm）、フリーステッチングスタンド、はさみ

つくり方
・①を刺し、ループをカットして整える
・差し目を接着剤で付ける

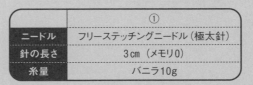

	①
ニードル	フリーステッチングニードル（極太針）
針の長さ	3cm（メモリ0）
糸量	バニラ 10g

POINT
▶ 目の周りのふくらみ、足の部分は体よりもパーツが小さいので密に刺すことを意識するときれいに仕上がります
▶ 口の部分は、フープからはずして布を折るようにして境目をはっきりさせるとりんかくがカットしやすくなります。布を切ってしまわないよう注意しましょう

実物大図案

ねこポーズ・おすわり (p.74)

材料
- 糸 … DARUMA iroiro　col.4 きなこ 3g
  DARUMA やわらかラム　col.39 グレー3g、col.1 ホワイト4g
- 布 … オックス生地 24cm×24cm
- その他…差し目 3mm×2個、差し鼻（ライトピンク）4.5mm×1個、ボタン付け糸＃20（白）、接着剤

道具
フリーステッチングニードル（極太針）、フリーステッチングフープ（18cm）、フリーステッチングスタンド、はさみ、とじ針

つくり方
- ①を刺し、ループをカットして整える
- 同じ糸で②を刺す
- ③を刺し、ループをカットして整える
- 同じ糸で④を刺し、②と一緒にバランスを見ながらカットする
- ⑤を刺し、ループをカットして全体を整える
- ⑥〜⑩は刺す度にループをカットして整え、境目を出す
- 差し目、差し鼻を接着剤で付ける
- ヒゲはボタン付け糸を4本束にし、とじ針など穴の太い針に通して鼻の脇の裏側から表側へ通し、好きな長さでカットする

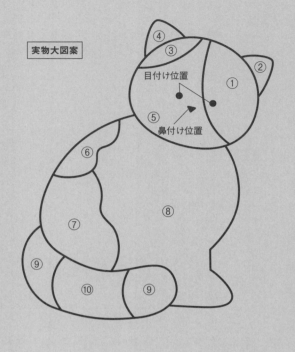

実物大図案

目付け位置 / 鼻付け位置

	①②⑦	③④⑥	⑤⑧	⑨	⑩
ニードル	フリーステッチングニードル（極太針）				
針の長さ	2.5cm（メモリ1）		3cm（メモリ0）		
糸量	きなこ 2g	グレー 1g	ホワイト 4g	グレー 2g	きなこ 1g

POINT
- 体部分は刺す度にりんかくをしっかり整えると、きれいに仕上がります
- 顔と体の境目をはっきりさせるため、⑧を刺すときは顔との境目を1針分ほど空けて刺します。最後に整えるときも、はさみを立てて境目をカットします。しっぽと体の境目も同様にしましょう

ゆめみるコーギー (p.95)

材料
- 糸 … DARUMA やわらかラム　col.1 ホワイト7g、
  col.7 ベビーピンク1g　DARUMA iroiro　col.4 きなこ1g
- 布 … オックス生地 24cm×24cm
- その他 … 差し鼻 6mm×1個、25番刺繍糸（黒）少々、フェルト（サンフェルト＃113赤）8mm×8mm、接着剤

道具
フリーステッチングニードル（極太針）、フリーステッチングフープ（18cm）、フリーステッチングスタンド、はさみ、縫い針、ピンセット

つくり方
- ①を刺し、ループをカットして整える
- ②〜⑦も同様にする
- 差し鼻を接着剤で付ける
- 目は刺繍糸を2本取りにし、同じところを2回縫って目をつくる。舌はフェルトを涙形にカットし、尖った方に接着剤を少量付け、鼻の下にピンセットで押し込んで固定する

★実物大図案・表・ポイントはp.49

★p.48の続き

実物大図案

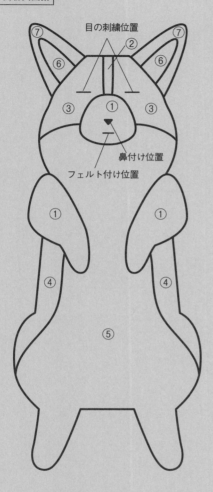

	①	②⑤	③④⑦	⑥
ニードル	フリーステッチングニードル（極太針）			
針の長さ	3cm（メモリ0）	2.4cm（メモリ1.5）		
糸量	ホワイト 3g	ホワイト 4g	きなこ 1g	ベビーピンク 1g

POINT

▶ ①の前足部分はなるべくしっかりりんかくを整えておくと⑤の体部分を刺したときに前足の形がしっかり強調されてきれいに仕上がります

ダックスフント (p.76)

材料

- 糸…DARUMA iroiro col.4 きなこ 3g
  DARUMA やわらかラム col.39 グレー6g
- 布…目の粗いコットンリネン生地 24cm×24cm
- その他…差し目4mm×2個、差し鼻12mm×1個、接着剤

道具

フリーステッチングニードル（極太針）、パンチニードル3.5mm、パンチニードル用フープ（18cm）、はさみ

つくり方

- ①を刺し、ループをカットして整える
- ②～④も同様にする
- 差し目、差し鼻を接着剤で付ける

実物大図案

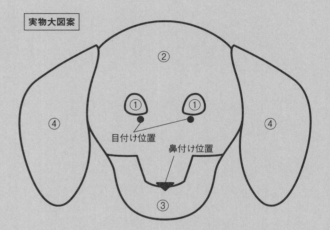

ニードル	①③	②	④
	フリーステッチングニードル（極太針）		パンチニードル3.5mm
針の長さ	3cm（メモリ0）		4.5cm
糸量	きなこ3g	グレー3g	グレー3g

POINT

▶ ①は小さなパーツなので密に刺すときれいに仕上がります。カットするときは高さはあまり変えず、りんかくを整える程度にしましょう

▶ ②を刺すとき、①の周りをまず1周刺して糸の絡みを整えてから周りを刺していくと境目がきれいです

▶ ④はボリュームが出すぎないように、1針分ほど空けて刺します。耳の上の方は短めに、下の方は長さを残すようにカットすると耳らしく仕上がります

シュナウザー (p.76)

材料
- 糸…パピー ブリティッシュファイン col.1白4g、col.10杢グレー4g、
- 布…オックス生地16cm×16cm
- その他…差し目4mm×2個、差し鼻9mm×1個、接着剤

道具
フリーステッチングニードル(極太針)、フリーステッチングフープ(12cm)、フリーステッチングスタンド、はさみ

つくり方
- ①を刺し、ループをカットして整える
- ②～③も同様にする
- 差し目と差し鼻を接着剤で付ける

POINT
- ▶ 目の上の①は小さいパーツなので、密に刺すときれいに仕上がります
- ▶ ②を刺すときは①との間を1針分ほど空けて境目をはっきりさせます。②③との間も同様です

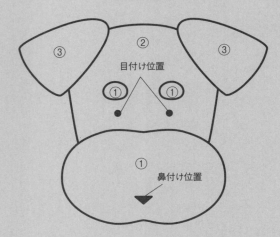

実物大図案

目付け位置
鼻付け位置

	①	②	③
ニードル	フリーステッチングニードル(極太針)		
針の長さ	3cm(メモリ0)	2.3cm(メモリ2)	3cm(メモリ0)
糸量	白4g	杢グレー2g	杢グレー2g

トイプードル (p.76)

材料
- 糸…オリムパス ロイヤルベビー col.104ベージュ13g
- 布…目の粗いコットンリネン生地24cm×24cm
- その他…差し目6mm×2個、差し鼻12mm×1個、接着剤

道具
パンチニードル3.5mm、パンチニードル刺繍糸用(Seria)、パンチニードル用フープ(18cm)、はさみ

つくり方
- ①を刺し、ループをカットして整える
- ②～③の順で同様にする
- 差し目と差し鼻を接着剤で付ける

POINT
- ▶ ①はループが長いので、まずりんかくを整え、だ円の半球を意識して丸みをつけるように少しずつカットしていきます
- ▶ ③は糸の流れを下方向に意識しカットします。その際、上の方は短く、下部は長く残すようにしましょう

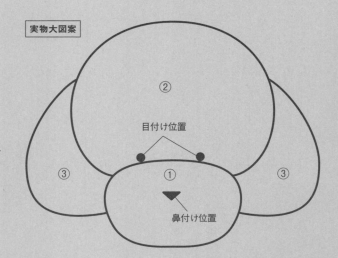

実物大図案

目付け位置
鼻付け位置

	①③	②
ニードル	パンチニードル3.5mm	パンチニードル刺繍糸用(Seria)
針の長さ	5.5cm	4cm(調節不可)
糸量	ベージュ13g	

ポメラニアン (p.77)

材料
- 糸 … DARUMA やわらかラム col.1ホワイト12g
- 布 … 目の粗いコットンリネン生地24cm×24cm
- その他 … 差し目5mm×2個、差し鼻6mm×1個、接着剤

道具
フリーステッチングニードル(極太針)、パンチニードル3.5mm、パンチニードル用フープ(18cm)、はさみ

つくり方
- ①を刺し、ループをカットして整える
- ②〜③も同様にする
- 差し目、差し鼻を接着剤で付ける

POINT
▶ ③は針の長さが長くボリュームがありますが、耳の周り、①の周りは短めにカットしましょう。糸の流れが下向きになるよう手で優しく撫でながらカットしてりんかくをつくっていくと作業しやすくなります

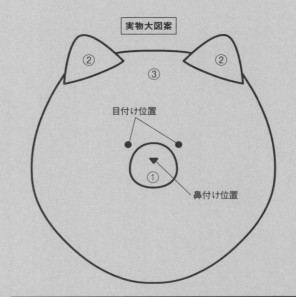

実物大図案

目付け位置 / 鼻付け位置

ニードル	①②	③
	フリーステッチングニードル(極太針)	パンチニードル3.5mm
針の長さ	3cm(メモリ0)	4.5cm
糸量	ホワイト2g	ホワイト10g

シーズー (p.77)

材料
- 糸 … DARUMA やわらかラム col.1ホワイト5g、col.8バニラ6g、col.14シナモン1g
- 布 … 目の粗いコットンリネン生地24cm×24cm
- その他 … 差し目6mm×2個、差し鼻12mm×1個、接着剤

道具
フリーステッチングニードル(極太針)、パンチニードル3.5mm、パンチニードル用フープ(18cm)、はさみ

つくり方
- ①を刺し、ループをカットして整える
- ②〜③も同様にする
- ④を刺したらループのみカットし、⑤を刺してからなじませるように④の長さも整えながらカットする
- 差し目と差し鼻を接着剤で付ける

POINT
▶ ループの長い①は、まずりんかくを整え丸みをつけるように少しずつカットしていきます。最後に口元のV字の部分をカットし整えます
▶ ④⑤は糸の流れを下方向に意識してカットすると自然な仕上がりになります。その際、上の方は短く、下部分は長く残すようにしましょう

実物大図案

目付け位置 / 鼻付け位置

ニードル	①	②	③	④	⑤
	パンチニードル3.5mm	フリーステッチングニードル(極太針)		パンチニードル3.5mm	
針の長さ	5.5cm	3cm(メモリ0)		5.5cm	
糸量	ホワイト3g	ホワイト2g	バニラ3g	バニラ3g	シナモン1g

柴（茶）(p.77)

材料
- 糸 … DARUMA iroiro col.5 ピーナッツバター9g
  DARUMA やわらかラム col.1 ホワイト3g
- 布 … 目の粗いコットンリネン生地24cm×24cm
- その他 … 差し目5mm×2個、差し鼻12mm×1個、接着剤

道具
フリーステッチングニードル(極太針)、パンチニードル3.5mm、パンチニードル用フープ(18cm)、はさみ

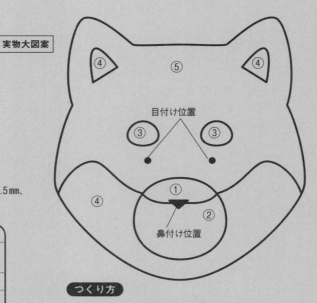

	①	②	③④	⑤
ニードル	パンチニードル3.5mm		フリーステッチングニードル(極太針)	
針の長さ	4.5cm		3cm（メモリ0）	
糸量	ピーナッツバター1g	ホワイト2g	ホワイト1g	ピーナッツバター8g

つくり方
- ①を刺し、ループをカットして整える
- ②〜⑤も同様にする
- 差し目、差し鼻を接着剤で付ける　★ポイントは下記

柴（黒）(p.77)

材料
- 糸 … DARUMA やわらかラム col.39 グレー6g、col.1 ホワイト6g
  オリムパス ロイヤルベビー col.104 ベージュ2g
- 布 … 目の粗いコットンリネン生地24cm×24cm
- その他 … 差し目5mm×2個、差し鼻12mm×1個、接着剤

道具
フリーステッチングニードル(極太針)、パンチニードル3.5mm、パンチニードル用フープ(18cm)、はさみ

つくり方
- ①を刺し、ループをカットして整える
- ②〜⑥も同様にする
- 差し目、差し鼻を接着剤で付ける

POINT
[共通]
- 小さなパーツは密に刺すときれいに仕上がります。カットするときは高さはあまり変えず、りんかくを整える程度にしましょう
- (茶)の⑤、(黒)の⑥を刺すとき、眉の周りを1周刺して糸の絡みを整えてから周りを刺していくと境目がきれいになります
- マズル部分は丸くなるようにカットします。①の周辺を刺すときは少し隙間を空けて刺すと糸が絡みにくく境目がはっきりします

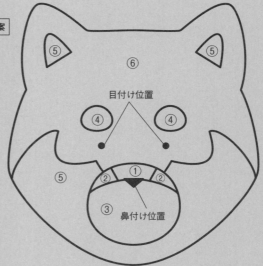

	①	②	③	④	⑤	⑥
ニードル	パンチニードル3.5mm			フリーステッチングニードル(極太針)		
針の長さ	4.5cm			3cm（メモリ0）		
糸量	グレー1g	ベージュ1g	ホワイト2g	ベージュ1g	ホワイト4g	グレー5g

マルチーズ (p.77)

材料
- 糸…DARUMA やわらかラム col.1ホワイト15g
- 布…目の粗いコットンリネン生地16cm×16cm
- その他…差し目8mm×2個、差し鼻12mm×1個、接着剤

道具
パンチニードル3.5mm、パンチニードル用フープ（12cm）、はさみ

つくり方
- ①を刺し、ループをカットして整える
- ②〜③も同様にする
- 差し目と差し鼻を接着剤で付ける

POINT
- ▶ループの長い①は、まずりんかくを整え丸みをつけるように少しずつカットしていきます。最後に口元のV字の部分を整えます
- ▶③は糸の流れを下方向に意識しながらカットすると自然な仕上がりになります。その際、上の方は短く、下部分は長く残すようにしましょう

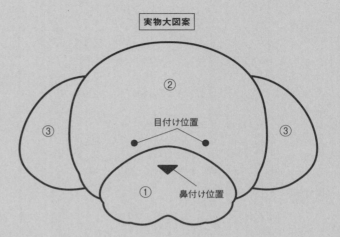

実物大図案

	①③	②
ニードル	パンチニードル3.5mm	
針の長さ	5.5cm	4.5cm
糸量	ホワイト15g	

パグ (p.77)

材料
- 糸…DARUMA iroiro col.10シャム猫6g、col.2マッシュルーム4g
- 布…オックス生地16cm×16cm
- その他…差し目6mm×2個、差し鼻9mm×1個、接着剤

道具
フリーステッチングニードル（極太針）、フリーステッチングフープ（12cm）、フリーステッチングスタンド、はさみ

つくり方
- ①を刺し、ループをカットして整える
- ②〜④も同様にする
- 差し目、差し鼻を接着剤で付ける

POINT
- ▶①と②は針の長さを変えて段差になるようにしていますが、②は①との境目をしっかり出してカットするときれいに仕上がります
- ▶④を刺すときは横向きに平行に刺していくと、パグの顔のシワのようになります

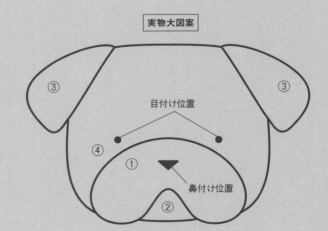

実物大図案

	①③	②	④
ニードル	フリーステッチングニードル（極太針）		
針の長さ	3cm（メモリ0）	2.3cm（メモリ2）	2.5cm（メモリ1）
糸量	シャム猫5g	シャム猫1g	マッシュルーム4g

プードル・茶、アプリコット、黒 (p.78)

実物大図案

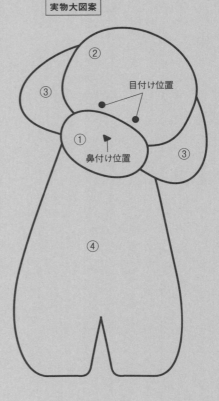

材料

[茶]
糸 … DARUMA iroiro　col.6チャイ8g
[アプリコット]
糸 … オリムパス ロイヤルベビー　col.104ベージュ8g
[黒]
糸 … DARUMA やわらかラム　col.39グレー8g
[共通]
布 … 目の粗いコットンリネン生地24cm×24cm
その他 … 差し目4mm×2個、差し鼻6mm×1個、接着剤

道具

フリーステッチングニードル(極太針)、パンチニードル刺繍糸用(Seria)、パンチニードル用フープ(18cm)、はさみ

つくり方

・①を刺し、ループをカットして整える
・②〜④も同様にする
・差し目と差し鼻を接着剤で付ける

	①③	②④
ニードル	パンチニードル刺繍糸用(Seria)	フリーステッチングニードル(極太針)
針の長さ	4cm（調節不可）	3cm（メモリ0）
糸量	[茶]チャイ8g	
	[アプリコット]ベージュ8g	
	[黒]グレー8g	

POINT
► [茶]の毛糸は細いので、①③のパーツを刺すときは2本取りにして刺すとボリュームをしっかり出すことができます

走るダックスフント (p.79)

材料

糸 … DARUMA iroiro　col.4きなこ1g、col.47黒0.5g
　　DARUMA やわらかラム　col.39グレー7g
布 … オックス生地24cm×24cm
その他 … 差し目3mm×1個、接着剤

道具

フリーステッチングニードル(極太針)、フリーステッチングフープ(18cm)、フリーステッチングスタンド、はさみ

★実物大図案・ポイントはp.55

つくり方

・①を刺し、ループをカットして整える
・②〜⑤も同様にする
・差し目を接着剤で付ける

	①⑤	②	③	④
ニードル	フリーステッチングニードル(極太針)			
針の長さ	2.5cm（メモリ1）	3cm（メモリ0）		2.3cm（メモリ2）
糸量	きなこ1g	グレー5g	グレー2g	黒0.5g

歩くポメラニアン (p.79)

材料
糸 … DARUMA やわらかラム col.1ホワイト9g
　　DARUMA iroiro col.47黒0.5g
布 … 目の粗いコットンリネン生地24cm×24cm
その他 … 差し目4mm×1個、接着剤

道具
フリーステッチングニードル（極太針）、パンチニードル刺繍糸用（Seria）、パンチニードル用フープ（18cm）、はさみ

つくり方
・①を刺し、ループをカットして整える
・②〜⑤も同様にする
・差し目を接着剤で付ける

POINT
▶ ④はニードルを刺す間隔を大きめにとり、ゆるめに刺すとふんわりします。矢印方向に毛糸を流すようにしながらバランスを見てカットすると丸みのあるしっぽになります
▶ ②の顔周りの毛糸は短めにカットし、胸元は長めに残すようにカットしましょう。③とループの長さが異なるので自然に繋がっていくように意識しながら整えてください
▶ ⑤は刺す間隔をなるべく狭くして密に刺すこと。カットしてみてボリュームが足りなくてスカスカしていると感じたら、ステッチの上からさらに刺し足すとボリュームが出て形をつくりやすくなります

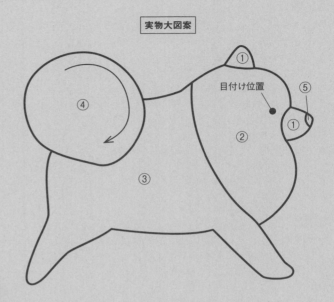

実物大図案

	①③	②④	⑤
ニードル	フリーステッチングニードル（極太針）	パンチニードル刺繍糸用（Seria）	フリーステッチングニードル（極太針）
針の長さ	2.5cm（メモリ1）	4cm（調節不可）	2.3cm（メモリ2）
糸量	ホワイト5g	ホワイト4g	黒0.5g

★p.54の続き

POINT
▶ ②を刺すときは⑤を刺さずに空けておきましょう
▶ ⑤を刺したら目打ちなどで糸の絡まりを取ってからループをカットして整えるときれいに仕上がります
▶ ④は刺す間隔をなるべく狭くして密に刺すこと。カットしてみてボリュームが足りずスカスカしていると感じたら、ステッチの上からさらに刺し足すとボリュームが出て形をつくりやすくなります

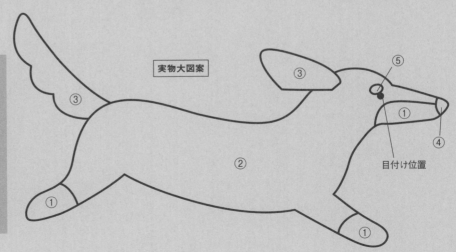

実物大図案

ハムスター&ひまわりの種 (p.82)

材料

[ハムスター]
- 糸 … DARUMA iroiro　col.3 ハニーベージュ6g、col.1 オフホワイト1g、col.50 ライトグレー1g
　　DARUMA やわらかラム　col.7 ベビーピンク1.5g
- 布 … オックス生地24cm×24cm
- その他 … 差し目4mm×2個、差し鼻（ライトピンク）4.5mm×1個、接着剤

[種]
- 糸 … DARUMA やわらかラム　col.39 グレー2g
　　DARUMA iroiro　col.2 マッシュルーム1g
- 布 … オックス生地16cm×16cm
- その他 … 接着剤

道具

[ハムスター]
フリーステッチングニードル（極太針）、フリーステッチングフープ（18cm）、フリーステッチングスタンド、はさみ

[種]
フリーステッチングニードル（極太針）、フリーステッチングフープ（12cm）、フリーステッチングスタンド、はさみ

つくり方

[ハムスター]
- ①を刺し、ループをカットする
- ②を刺し、ループをカットし、りんかくを整える
- ③を刺し、ループをカットして整える
- ④〜⑨も③と同様にする
- 差し目、差し鼻を接着剤で付ける

[種]
- ①を刺し、ループをカットして整える
- ②〜③も同様にする

POINT

[ハムスター]
▶ ⑦の前足部分はりんかくを整えておくと⑧の体部分を刺したときに前足の形が強調されてきれいに仕上がります
▶ ⑧を刺すとき、顔と前足の間の部分は刺す間隔を空けてゆるめに刺すとバランスが良くなります

[種]
▶ 種をハムスターに固定したい場合は、土台布から2mm程度外側に布用接着剤を塗って乾燥させ、ほつれないようにしてから切り出した後、ハムスターにのせて糸で縫い付けます（縫った糸は毛糸のボリュームで隠れます）

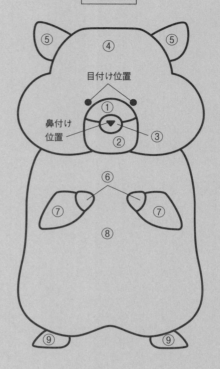

実物大図案

（ハムスター）

ニードル	①⑦	②	③⑥	④⑧	⑤	⑨
	フリーステッチングニードル（極太針）					
針の長さ	3cm（メモリ0）			2.4cm（メモリ1.5）		
糸量	ハニーベージュ1g	オフホワイト1g	ベビーピンク0.5g	ハニーベージュ5g	ライトグレー1g	ベビーピンク1g

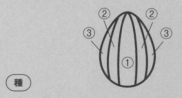

実物大図案

（種）

ニードル	①③	②
	フリーステッチングニードル（極太針）	
針の長さ	2.5cm（メモリ1）	
糸量	グレー2g	マッシュルーム1g

ねこのめがね置き (p.75)

材料

糸 … DARUMA やわらかラム col.36 ベビーミント 1g、
　col.15 ブラック 1g
　ハマナカ ソノモノ《合太》 col.2 うす茶 15g、
　col.1 生成り 12g
　DARUMA iroiro col.47 黒 少量（ヒゲ用）
布 … 目の粗いコットンリネン生地 24cm×24cm

道具

パンチニードル刺繍糸用(Seria)、パンチニードル用フープ(18cm)、はさみ、とじ針

つくり方

- ①を刺し、ループをカットする。高さは変えないようにする
- ②は①との境目に1周刺し、糸の絡まりを直してから刺し、ループをカットする
- ③を刺し、ループをカットして整える
- ④は先に目・鼻の周囲を1周刺し、糸の絡まりを直してから刺し、ループをカットして整える
- ⑤を刺し、ループをカットして整える
- ⑥も⑤と同様にする
- ヒゲ用の糸をとじ針などに通し、ヒゲ付け位置に1本ずつ縫い付ける

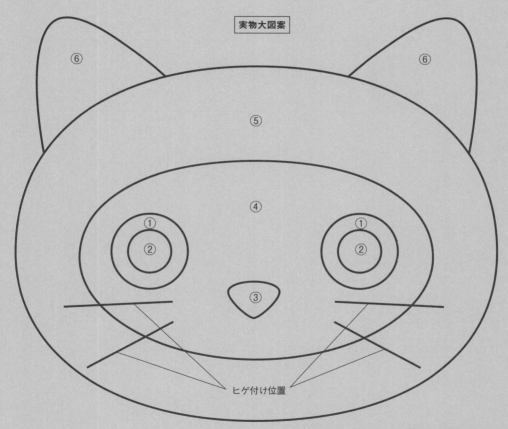

実物大図案

ヒゲ付け位置

POINT

▶ ②を刺すときは境目がはっきり出るように糸の絡まりを取ってから面を埋めていくとよいでしょう。境目を整える際は、目打ちや爪楊枝など先端の細いものを使うと作業がしやすいです

	①	②③	④⑥	⑤
ニードル	パンチニードル刺繍糸用(Seria)			
針の長さ	4cm（調節不可）			
糸量	ベビーミント 1g	ブラック 1g	うす茶 15g	生成り 12g

ハリネズミ (p.83)

材料
- 糸 … DARUMA iroiro col.9 サンドベージュ2g、col.47 黒0.5g、col.1 オフホワイト5g、col.2 マッシュルーム6.5g、col.10 シャム猫9g
- 布 … 目の粗いコットンリネン生地24cm×24cm
- その他 … 差し目3mm×1個、接着剤

道具
フリーステッチングニードル(極太針)、パンチニードル3.5mm、パンチニードル用フープ(18cm)、はさみ

つくり方
- ①を刺し、ループをカットする
- ②〜⑤も同様にする
- ⑥は3本同時にニードルに通して刺す
- 差し目を接着剤で付ける

POINT
►⑥は複数本同時でボリュームが出やすいため、刺す間隔を空けた方がふんわり仕上がります。ボリュームが足りなければ刺し足す気持ちで進めてみましょう

ニードル	①	②	③	④	⑤	⑥
	フリーステッチングニードル(極太針)					パンチニードル3.5mm
針の長さ	3cm (メモリ0)	2.5cm (メモリ1)				4.5cm
糸量	サンドベージュ1g	サンドベージュ1g	黒0.5g	オフホワイト5g	マッシュルーム2g	シャム猫9g(2本) / マッシュルーム4.5g(1本)

リス (p.82)

材料
- 糸 … DARUMA iroiro col.10 シャム猫9g、col.9 サンドベージュ5g、col.47 黒0.5g
  DARUMA やわらかラム col.1 ホワイト1g
- 布 … 目の粗いコットンリネン生地24cm×24cm
- その他 … 差し目3mm×1個、接着剤

道具
フリーステッチングニードル(極太針)、パンチニードル3.5mm、パンチニードル用フープ(18cm)、はさみ

つくり方
- ①を刺し、ループをカットする
- ②〜⑤も同様にする
- ⑥は2本同時にニードルに通して刺す
- 差し目を接着剤で付ける

POINT
►①は長めに残すようにして整えます

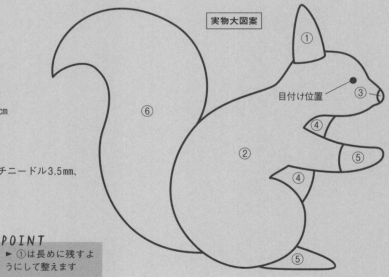

ニードル	①	②	③	④	⑤	⑥
	フリーステッチングニードル(極太針)					パンチニードル3.5mm
針の長さ	3cm (メモリ0)	2.5cm (メモリ1)	2.3cm (メモリ2)		2.5cm (メモリ1)	5.5cm
糸量	シャム猫1g	サンドベージュ5g	黒0.5g	ホワイト1g	シャム猫2g	シャム猫6g(2本)

アルパカ (p.84)

材料
- 糸…DARUMA やわらかラム col.2 きなり2g
  ハマナカ ソノモノ アルパカブークレ col.151白12g
- 布…目の粗いコットンリネン生地24㎝×24㎝
- その他…差し目3㎜×2個、コスモ25番刺繍糸col.895濃いグレー、接着剤

道具
フリーステッチングニードル（極太針）、パンチニードル3.5㎜、パンチニードル用フープ（18㎝）、はさみ、縫い針

つくり方
- ①を刺し、ループをカットして整える
- ②を刺す（ループはカットせず、形を整える程度）
- ③を刺し、ループをカットして整える
- 刺繍糸を2本取りにし、①に鼻と口をステッチする
- 差し目を接着剤で付ける

POINT
▶ ②の糸はふわふわした糸のため、りんかくを整える程度のカットでOK

ナマケモノ (p.85)

材料
- 糸…DARUMA やわらかラム col.14 シナモン1g
  DARUMA iroiro col.1 オフホワイト1g
  オリムパス ロイヤルベビー col.109 グレージュ9g
- 布…オックス生地16㎝×16㎝
- その他…差し目3㎜×2個、差し鼻4.5㎜×1個、接着剤

道具
フリーステッチングニードル（極太針）、フリーステッチングフープ（12㎝）、フリーステッチングスタンド、はさみ

つくり方
- ①を刺し、ループをカットして整える
- ②～④も同様にする
- 差し目、差し鼻を接着剤で付ける

POINT
▶ ③を刺すときは、頭の周りや手足は少し密度を高く、体は少しゆったりを意識して刺すと、ちょうどよいバランスになります
▶ 顔のパーツは小さいので密に刺すときれいに仕上がります

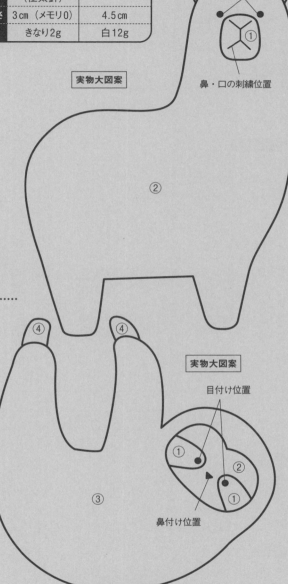

ニードル	①③ フリーステッチングニードル（極太針）	② パンチニードル 3.5㎜
針の長さ	3㎝（メモリ0）	4.5㎝
糸量	きなり2g	白12g

ニードル	①	②④	③
	フリーステッチングニードル（極太針）		
針の長さ	2.5㎝（メモリ1）		3㎝（メモリ0）
糸量	シナモン1g	オフホワイト1g	グレージュ9g

パンダ (p.86)

材料
- 糸…DARUMA やわらかラム col.1ホワイト8g、col.39グレー4g
- 布…オックス生地16cm×16cm
- その他…差し目3mm×2個、差し鼻6mm×1個、接着剤

道具
フリーステッチングニードル(極太針)、フリーステッチングフープ(12cm)、フリーステッチングスタンド、はさみ

つくり方
- ①を刺し、ループをカットして整える
- ②～④も同様にする
- 差し目と差し鼻を接着剤で付ける

実物大図案

目付け位置
鼻付け位置

	①	②④	③
ニードル	フリーステッチングニードル(極太針)		
針の長さ	3cm (メモリ0)	2.5cm (メモリ1)	
糸量	ホワイト2g	グレー4g	ホワイト6g

POINT
- 左右対称のデザインなので、②④はニードルを刺す間隔を同じにするときれいに仕上がります
- 多少左右差があってもボリュームが少なければ再度刺し足し、大き過ぎる場合はループをカットした後にピンセットなどで糸を少しずつ抜くと簡単に小さくすることができます

パンダポーズ・ころころ (p.87)

材料
- 糸…DARUMA やわらかラム col.1ホワイト8g、col.39グレー7g
- 布…オックス生地16cm×16cm
- その他…差し目3mm×2個、差し鼻4.5mm×1個、接着剤

道具
フリーステッチングニードル(極太針)、フリーステッチングフープ(12cm)、フリーステッチングスタンド、はさみ

つくり方
- ①を刺し、ループをカットして整える
- ②～⑦も同様にする
- 差し目と差し鼻を接着剤で付ける

★実物大図案・表・ポイントはp.61

パンダポーズ・うしろ姿 (p.87)

材料
糸…DARUMA やわらかラム　col.1ホワイト8g、col.39グレー6g
布…オックス生地16cm×16cm

道具
フリーステッチングニードル（極太針）、フリーステッチングフープ（12cm）、フリーステッチングスタンド、はさみ

つくり方
・①を刺し、ループをカットして整える
・②～⑥も同様にする

POINT
▶ 各パーツのりんかくはしっかりカットしてから隣のパーツを刺すと境目がきれいになりますが、全体の高さはカットし過ぎないよう注意してください（※段差ができやすくなるため）。最後に全体の高さを整えることを意識してカットします
▶ カーブしている部分を整える際は、図案を見ながら少しずつカットしましょう

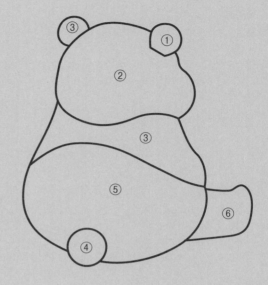

実物大図案

	①③⑥	②⑤	④
ニードル	フリーステッチングニードル（極太針）		
針の長さ	2.5cm（メモリ1）		3cm（メモリ0）
糸量	グレー6g	ホワイト7g	ホワイト1g

★p.60の続き

POINT
▶ ⑤を刺すときは、③との境目を1針分ほど空けるようにすると、きれいに仕上がります
▶ りんかくは最後にきれいに整えることを意識してカットしましょう

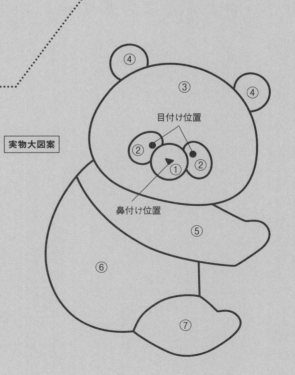

実物大図案

	①	②④⑤⑦	③⑥
ニードル	フリーステッチングニードル（極太針）		
針の長さ	3cm（メモリ0）	2.5cm（メモリ1）	
糸量	ホワイト2g	グレー7g	ホワイト6g

大きいぶどうきんちゃく (p.88)

【材料】
- 糸 … DARUMA やわらかラム col.29 ライラック 4g
  DARUMA iroiro col.4 きなこ少量
- 布 … 外袋/オックス生地 45cm×30cm
  内袋/ブロード生地 45cm×30cm
- その他 … 幅1.5cmのサテンリボン 1m40cm

【道具】
フリーステッチングニードル(極太針)、フリーステッチングフープ(12cm)、フリーステッチングスタンド、はさみ、とじ針、縫い針

【つくり方】
- 巾着用の布の裏側から指定位置(p.63参照)に①を刺し、ループをカットして整える
- ②～⑥も同様にする
- 布の表側に茎をアウトラインステッチ(p.64参照)で刺繍する

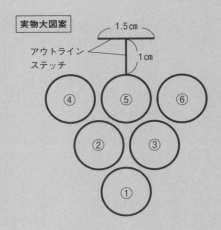

実物大図案

	①〜⑥	茎
ニードル	フリーステッチングニードル(極太針)	とじ針を使用
針の長さ	2.3cm(メモリ2)	
糸量	ライラック4g	きなこ少量

★ポイントは下記、仕立て方はp.63

小さいさくらんぼきんちゃく (p.89)

【材料】
- 糸 … DARUMA やわらかラム col.35 赤 1g
  リッチモア パーセント col.23 うす緑 2g
- 布 … 外袋/オックス生地 35cm×20cm
  内袋/ブロード生地 35cm×20cm
- その他 … 幅1.4cmのリボン 1m20cm

【道具】
フリーステッチングニードル(極太針)、フリーステッチングフープ(12cm)、フリーステッチングスタンド、はさみ、とじ針、縫い針

【つくり方】
- 巾着用の布の裏側から指定位置(p.64参照)に①を刺し、ループをカットして整える
- ②も同様にする
- 布の表側に茎をアウトラインステッチ(p.64参照)で刺繍する

POINT
[共通]
► ニードルで刺す部分はりんかくをしっかり整えるときれいに仕上がります

実物大図案

	①	②	茎
ニードル	フリーステッチングニードル(極太針)		とじ針を使用
針の長さ	2.3cm(メモリ2)		
糸量	赤1g	うす緑1g	うす緑少量

★仕立て方はp.64

大きいぶどうきんちゃくの仕立て方

できあがりサイズ/幅20cm×高さ26cm

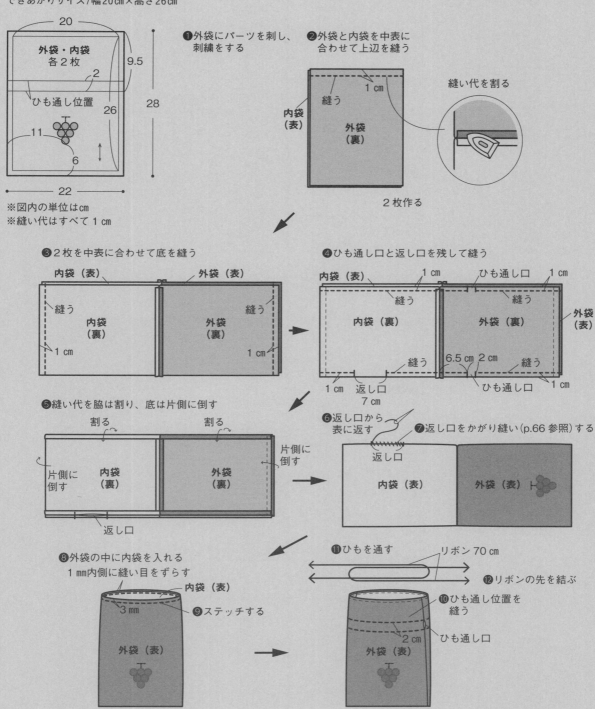

小さいさくらんぼきんちゃくの仕立て方

できあがりサイズ/幅14cm×高さ17cm

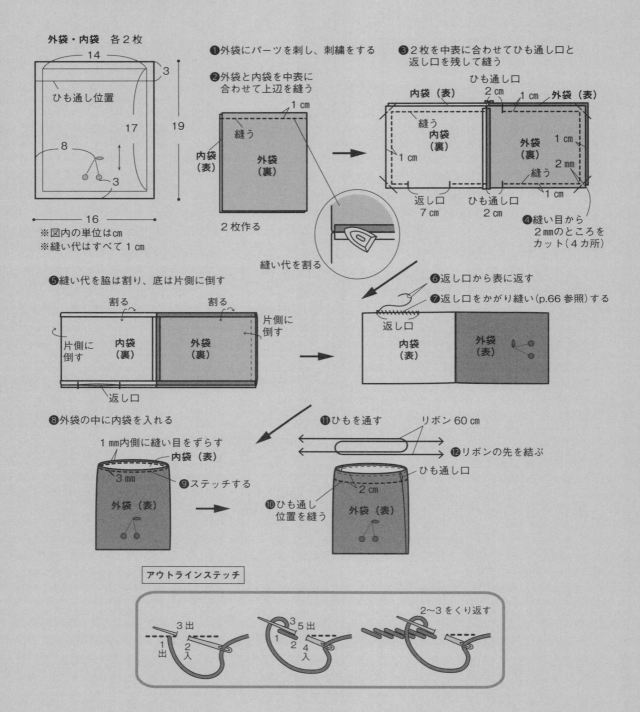

しろくまポシェット (p.90)

材料
糸 … DARUMA やわらかラム col.1ホワイト47g
　　DARUMA iroiro col.50ライトグレー4g
布 … 目の粗いコットンリネン生地(24cm×24cm) 2枚
その他 … 差し目9mm×2個、差し鼻9mm×1個、接着剤、
　　内袋用の1mm厚フェルト(20cm×20cm) 2枚、
　　マグネットボタン(縫い付けタイプ・12mm) 1組、
　　幅15mmのサテンリボン6cm×2本、
　　ナスカン付きのショルダーひも(約100cm) 1本

道具
パンチニードル3.5mm、パンチニードル用フープ(18cm)、
はさみ、縫い針

つくり方
[前・後ろパーツ]※パンチニードルを刺す部分
・毛糸はすべて2本同時にニードルに通して刺す
・①〜③をそれぞれ刺した後、差し目、差し鼻を接着剤で付ける。耳と顔のりんかくは整えずループだけカットしておく
・パーツの裏に布用接着剤を塗る。布部分にも周囲5mm幅ぐらい塗り、しっかり乾燥させる
・布部分を3〜4mm残してカットする

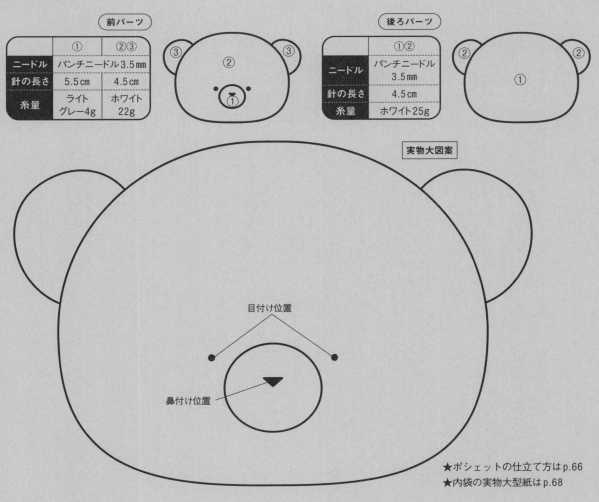

★ポシェットの仕立て方はp.66
★内袋の実物大型紙はp.68

しろくまポシェットの仕立て方 ★ナマケモノポシェットも同様にして仕立てる

[しろくまポシェット]できあがりサイズ/幅16.5cm×高さ11cm（ショルダーひもを除く）
[ナマケモノポシェット]できあがりサイズ/幅15cm×高さ13cm（ショルダーひもを除く）

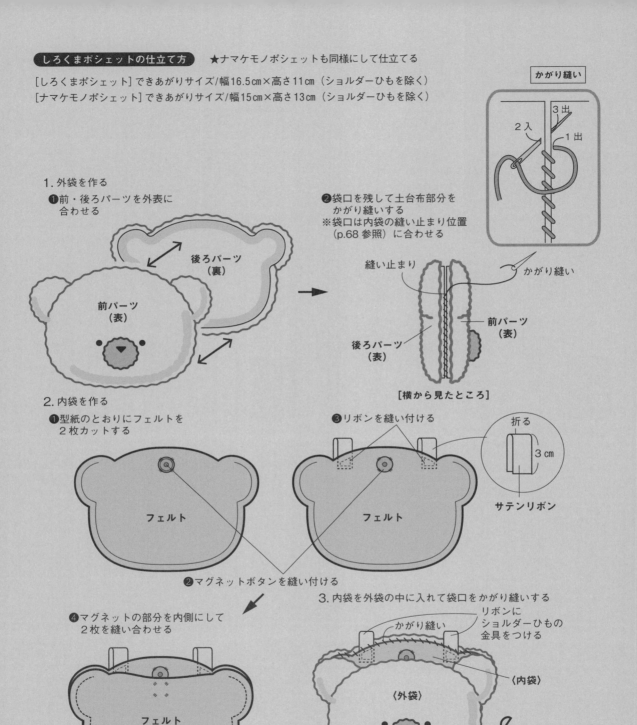

ナマケモノポシェット (p.91)

材料

- 糸…DARUMA やわらかラム col.14シナモン5g
  本廣 ウルグアイウールウォッシャブル合太
  col.37ホワイト14g、col.35ベージュ60g
- 布…目の粗いコットンリネン生地(24cm×24cm) 2枚、
  内袋用の1mm厚フェルト(20cm×20cm) 2枚
- その他…差し目10mm×2個、差し鼻12mm×1個、接着剤、
  マグネットボタン(縫い付けタイプ・12mm) 1組、
  幅15mmのサテンリボン6cm×2本、
  ナスカン付きのショルダーひも(約100cm) 1本

道具

パンチニードル3.5mm、パンチニードル用フープ(18cm)、
はさみ、縫い針

つくり方

p.65を参照して同様につくる

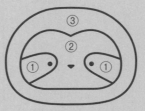

前パーツ

ニードル	パンチニードル3.5mm		
	①	②	③
針の長さ	4.5cm	4.5cm	5.5cm
糸量	シナモン 5g	ホワイト 14g	ベージュ 20g

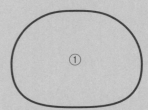

後ろパーツ

ニードル	パンチニードル 3.5mm
	①
針の長さ	4.5cm
糸量	ベージュ40g

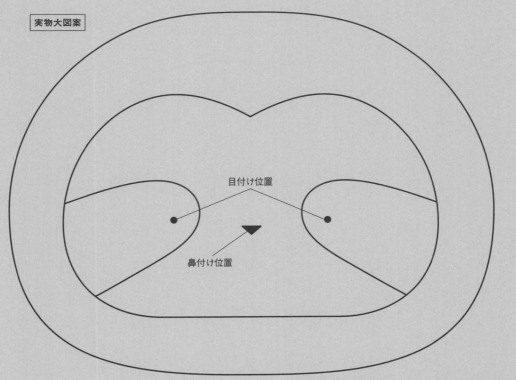

実物大図案

目付け位置
鼻付け位置

★ポシェットの仕立て方はp.66を参照して同様につくる
★内袋の実物大型紙はp.68

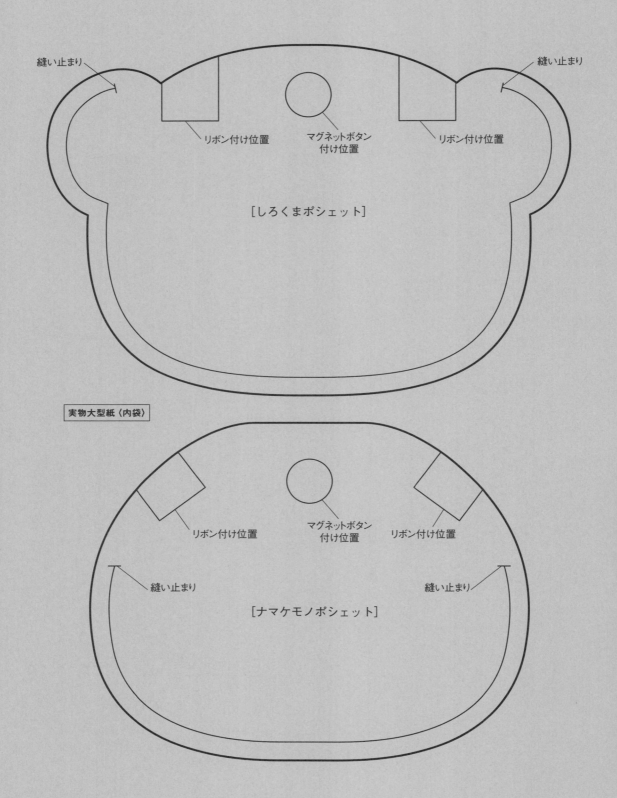

ビションフリーゼのファスナーポーチ (p.92)

材料

（パンチニードル部分）
- 糸 … DARUMA やわらかラム col.1ホワイト7g、col.3クリーム2g、col.29ライラック2g、col.36ベビーミント2g
- 布 … オックス生地24cm×24cm
- その他 … 差し目2.5mm×2個・3mm×1個、接着剤

（ポーチ部分）
- 布 … 外袋/コーデュロイ生地45cm×20cm
  内袋/ブロード生地45cm×20cm、接着芯45cm×20cm
- その他 … ファスナー（20cm）1本

道具

フリーステッチングニードル（極太針）、フリーステッチングフープ（18cm）、フリーステッチングスタンド、はさみ、縫い針

つくり方

[共通]
- ①を刺し、ループをカットして整える
- ②～③も同様にする
  （パンダのファスナーポーチは②～⑤も同様にする）
- 目には2.5mm、鼻には3mmの差し目を接着剤で付ける
- 刺繍の周囲5mmの土台布部分に布用接着剤を塗る

※刺繍部分は後で表布に貼り付ける際に接着剤を塗るのでここではしっかり塗る必要はない

- 接着剤が完全に乾いたら、布部分を1mmほど残してカットする

※仕立て方はp.70を参照

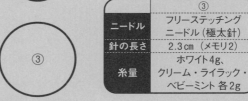

POINT

[共通]
- ▶ 接着剤は綿棒で塗ると作業しやすいです
- ▶ 接着剤の量によっては布の裏側に染みてしまうので、クッキングシート等の上で作業するのがおすすめ
- ▶ 文庫本程度の重さのあるものを乗せて刺繍部分と布がしっかりくっつくようにするとよいでしょう

パンダのファスナーポーチ (p.93)

材料

（パンチニードル部分・1枚分）
- 糸 … DARUMA やわらかラム col.1ホワイト4g、col.39グレー4g
- 布 … オックス生地16cm×16cm
- その他 … 差し目2.5mm×2個・3mm×1個、接着剤

（ポーチ部分） ※材料は大・小の順
- 布 … 外袋/レモン柄のオックス生地45cm×20cm・40cm×15cm
  内袋/ブロード生地45cm×20cm・40cm×15cm、
  接着芯45cm×20cm・40cm×15cm
- その他 … ファスナー（20cm）1本・（16cm）1本

道具

フリーステッチングニードル（極太針）、フリーステッチングフープ（12cm）、フリーステッチングスタンド、はさみ、縫い針

つくり方

ビションフリーゼのファスナーポーチを参照

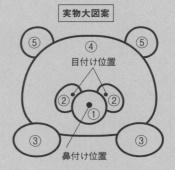

ファスナーポーチの仕立て方

[ビションフリーゼ][パンダ・大]できあがりサイズ/幅20cm×高さ17cm
[パンダ・小]できあがりサイズ/幅17cm×高さ11cm

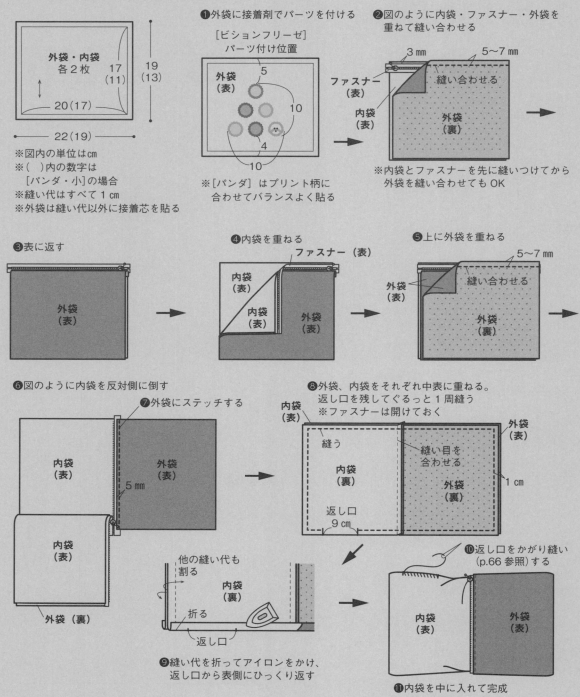

手のりねこ (p.94)

材料
- 糸 … DARUMA やわらかラム col.1 ホワイト 4g、col.39 グレー 12g
- 布 … 目の粗いコットンリネン生地 (24cm×24cm) 2枚
- その他 … 差し目 4mm×2個、差し鼻 6mm×1個、接着剤、ボタン付け糸 #20（白）、手芸綿 適量

道具
パンチニードル刺繍糸用 (Seria)、パンチニードル用フープ (18cm)、はさみ、とじ針、縫い針

つくり方
[前・後ろパーツ] ※パンチニードルを刺す部分
- 毛糸はすべて2本同時にニードルに通して刺す
- パーツ①〜③をそれぞれ刺した後、前パーツに差し目、差し鼻を接着剤で付ける。耳と顔のりんかくは整えずループだけカットしておく
- ヒゲはボタン付け糸を4本束にし、とじ針など穴の太い針に通し前パーツの鼻の脇の裏側から表側へ通し、好きな長さでカットする
- パーツの裏に布用接着剤を塗る。布部分にも周囲5mm幅ぐらい塗り、しっかり乾燥させる
- 布部分を3〜4mm残してカットする
- 仕立て方はp.72参照

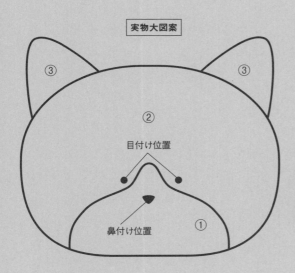

実物大図案

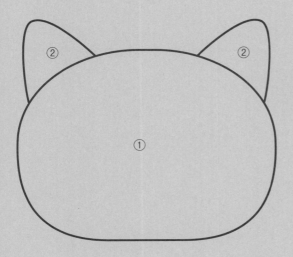

前パーツ

ニードル	①	②③
ニードル	パンチニードル刺繍糸用 (Seria)	
針の長さ	4cm（調節不可）	
糸量	ホワイト4g	グレー6g

後ろパーツ

	①②
ニードル	パンチニードル刺繍糸用 (Seria)
針の長さ	4cm（調節不可）
糸量	グレー6g

手のりねこの仕立て方

できあがりサイズ/幅8cm×高さ7cm

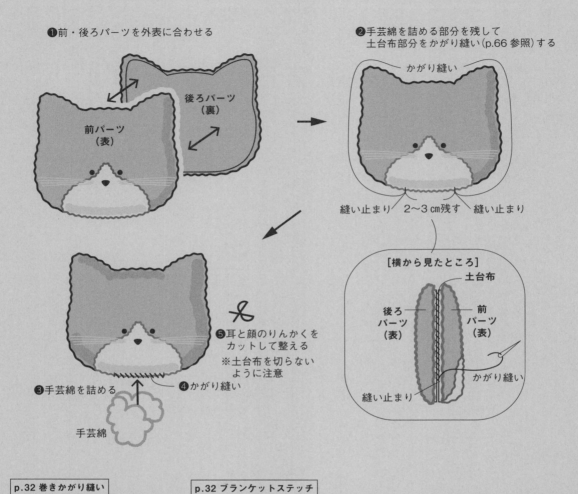

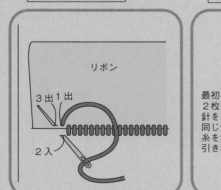

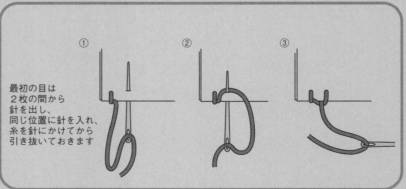

72

ここからちょっとレベルアップ！

らっこ

両手でほっぺをむぎゅむぎゅ。
食いしん坊のらっこさん。
食べ終わった貝殻はポイッ！

つくり方 ▶ p.46

ねこポーズ

ねこのいろいろなポーズを
そのままパンチニードルに。
しっぽもそれぞれキュート！

つくり方 ▶ p.42-43, 48

やんのか

おすわり

おすまし

ねこのめがね置き

どこにやったっけ？
ついつい忘れちゃうめがねも、
ここに置けば安心！
インテリねこの誕生です。

つくり方 ▶ p.57

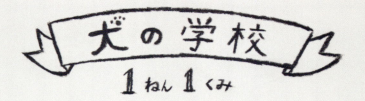

犬の学校
1ねん1くみ

わんわん！声がきこえてきそうな
わんちゃんたちがいっぱい。
犬種ごとに、毛の長さやマズル※の高さをそれぞれ工夫しています。

つくり方 ▶ p.49 - 53

ダックスフント

シュナウザー

トイプードル

ブルテリア

※動物の目の先から口先までの部分のこと。

プードル

こてん、と首をかしげる姿は
3匹並んでいとおしい。
トートバッグにつけても、キーホルダーにしても！

つくり方 ▶ p.54

茶　　アプリコット　　黒

おさんぽ

おさんぽ中のひとコマ。
いきいきとした横顔がとってもキュート。

つくり方 ▶ p.54 - 55

走るダックスフント

歩くポメラニアン

COLUMN

うちの子をつくろう！

パンチニードルは工夫次第でいろいろなアレンジが可能。
「うちの子バージョンもつくってみたい！」そんな方のためにアレンジのヒントを紹介します。
針の扱い方に慣れてきたら、ぜひ挑戦してみて。

1 マルプーのぱるくん

p.53のマルチーズの図案を使ってアレンジ。ぱるくんは耳の位置が高く、マズルも小さいので、それに合わせて図案を調整します。

図案のつくり方

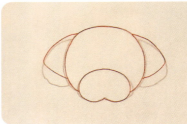

> マルプーらしくなるよう、トレーシングペーパーを使って図案を調整。

完成！

つくり方のコツ

糸を2本同時にニードルに通し（2本取り）、1針分空けながら刺します。2本取りで刺すことで、刺す間隔を密にしなくてもボリュームを出すことができます。

使用した針と糸

針：パンチニードル3.5mm
糸：オリムパス ロイヤルベビー
　　col.101
　　DARUMA やわらかラム
　　col.8バニラ（鼻の周り）

80

2 チワワのくるみちゃん

顔の白い部分は真っ白とオフホワイトで試し、くるみちゃんの毛色に合わせてオフホワイトを選択。茶色の毛色ともなじみが良く、より自然な仕上がりになりました。

くるみちゃんの毛色に、より近い糸はこっち!

つくり方のコツ
顔周りの長い毛の部分のループをカットするときは、ほかとの境目が自然に繋がるようにカットして整え、外側に広げるようにカットすると、きれいな仕上がりになります。

使用した針と糸
針：パンチニードル3.5mm、セリアパンチニードル刺繍糸用
糸：DARUMA iroiro col.1 オフホワイト、col.4 きなこ

3 三毛猫のななちゃん

p.40のねこ・クロの図案をアレンジしてつくります。図案をトレーシングペーパーに写し、ななちゃんの柄を見ながら描き込んでいきます。

左右の柄が異なる場合は左右反転させてから布に写すことを忘れずに!

つくり方のコツ
柄はあまり細かくせず、ざっくりと描いたほうが刺しやすくなります。顔のライン部分はすべての模様を刺し、ループカットが終わってから刺すときれいに線を出すことができます。

使用した針と糸
針：フリーステッチングニードル（極太針）
糸：DARUMA iroiro col.4 きなこ、col.6 チャイ、DARUMA やわらかラム col.39 グレー

カリカリカリ

ハムスター&リス

カリカリ、音がきこえてきそう。
ひまわりの種はとっても小さいので
なくさないでね。

つくり方 ▶ p.56, 58

**ハムスター&
ひまわりの種**

リス

ハリネズミ

ポケットにおさまっちゃう!
針の部分は立体的に見えるように
毛糸を長めにして、立たせています。

つくり方 ▶ p.58

アルパカ

もっこもこなアルパカ。
毛糸はほんものの
アルパカの毛糸を使っています。

つくり方 ▶ p.59

ナマケモノ

とぼけた顔がいとおしい。
ブローチにして、
いろんな所にぶら下げてみても。

つくり方 ▶ p.59

パンダ

みんなの人気者！
白黒模様のバランスが絶妙なので、
刺すときには気をつけて。

つくり方 ▶ p.60

ころころ

うしろ姿

パンダポーズ

うしろ姿までいとおしい。
横顔のまんまるラインがポイントです。
しっぽは白いので要注意！

つくり方 ▶ p.60 - 61

大きい
ぶどう
きんちゃく

布に直接刺すので、
貼り付ける必要なし！
布は無地のものでも。

つくり方 ▶ p.62 - 63

小さい さくらんぼ きんちゃく

茎の部分は
アウトラインステッチで
刺します。

つくり方 ▶ p.62, 64

しろくま
ポシェット

おかおがキュートなしろくまポシェット。
好きなものを入れて、
肩にかけても、首にぶら下げても。

つくり方 ▶ p.65 - 66, 68

ナマケモノ ポシェット

めずらしい？
ナマケモノのおかおポシェット。
ふだんは森でのんびりしているぶん、
いろんなところに連れてって！

つくり方 ▶ p.67 - 68

ビションフリーゼの
ファスナーポーチ

よく見ると、水玉模様のなかに
1匹かわいいビションフリーゼが。
水玉はいろんな色で刺してカラフルに。

つくり方 ▶ p.69 - 70

パンダの ファスナーポーチ

レモンのなかにパンダが！
小さいほうでも大きいほうでも
パンダの刺しゅうの大きさは変わりません。

つくり方 ▶ p.69 - 70

手のりねこ

手のひらでころころ、かわいい。
布を貼り合わせるので
ちょっとコツがいります。

つくり方 ▶ p.71 - 72

ゆめみるコーギー

へそ天で眠るコーギー、
お肉の夢を見ていたりして…?
舌は赤いフェルトでつくります。

つくり方 ▶ p.48 - 49

mmfum/ムムフム

デザイナー・パンチニードル作家。2020年頃、海外作家のSNSでパンチニードルを知り「手芸経験ゼロの私にもできるかも」と思い独学でもこもこした作品づくりを始める。SNS、オンラインショップにて作品発表、販売を行う。オンライン講座、YouTubeチャンネルでパンチニードルの楽しさやコツを発信中。

はじめてでも「かわいい」がつくれる！
もふもふパンチニードル

2025年4月22日　初版発行
2025年7月25日　3版発行

著者／mmfum/ムムフム

発行者／山下直久

発行／株式会社KADOKAWA
〒102-8177　東京都千代田区富士見2-13-3
電話　0570-002-301（ナビダイヤル）

印刷所／TOPPANクロレ株式会社
製本所／TOPPANクロレ株式会社

本書の無断複製（コピー、スキャン、デジタル化等）並びに無断複製物の譲渡および配信は、著作権法上での例外を除き禁じられています。
また、本書を代行業者等の第三者に依頼して複製する行為は、たとえ個人や家庭内での利用であっても一切認められておりません。

●お問い合わせ
　https://www.kadokawa.co.jp/　（「お問い合わせ」へお進みください）
※内容によっては、お答えできない場合があります。
※サポートは日本国内のみとさせていただきます。
※Japanese text only

定価はカバーに表示してあります。
©mmfum 2025 Printed in Japan
ISBN 978-4-04-607359-4 C0077